French

Picture Dictionary

French
Picture Dictionary

Berlitz Publishing / APA Publications GmbH & Co. Verlag KG,
Singapore Branch, Singapore

Cover illustration by Chris L. Demarest
Interior illustrations by Chris L. Demarest (pages 3, 5, 7-9, 12-23, 26-43,
46-51, 54-67, 70-75, 78-85, 88-107, and 110-119)
Anna DiVito (pages 24, 25, 52, 53, 76, 77, 86, 87, and 120-123)
Claude Martinot (pages 10, 11, 44, 45, 68, 69, 108, and 109)

Contacting the Editors
Every effort has been made to provide accurate information in this publication, but changes
are inevitable. The publisher cannot be responsible for any resulting loss, inconvenience or injury.
We would appreciate it if readers would call our attention to any errors or outdated information
by contacting Berlitz Publishing, 95 Progress Street, Union, NJ 07083, USA.
Fax: 1-908-206-1103. E-mail: comments@berlitzbooks.com

Dear Parents,

The Berlitz Kids™ *Picture Dictionary* will create hours of fun and productive learning for you and your child. Children love sharing books with adults, and reading together is a natural way for your child to develop second-language skills in an enjoyable and entertaining way.

In 1878, Professor Maximilian Berlitz had a revolutionary idea about making language learning accessible and fun. These same principles are still successfully at work today. Now, more than a century later, people all over the world recognize and appreciate his innovative approach. Berlitz Kids™ combines the time-honored traditions of Professor Berlitz with current research to create superior products that truly help children learn foreign languages.

Berlitz Kids™ materials let your child gain access to a second language in a positive way. The content and vocabulary in this book have been carefully chosen by language experts to provide basic words and phrases that form the foundation of a core vocabulary. In addition, the book will delight your child, since each word is used in an amusing sentence in both languages, and then illustrated in an engaging style. The pictures are a great way to capture your child's attention!

You will notice that most words are listed as separate entries. Every so often, though, there is a special page that shows words grouped together by theme. For example, if your child is especially interested in animals, he or she will find a special Animals page with lots of words and pictures grouped there—in both English and the foreign language. In addition, to help your child with phrases used in basic conversation, you and your child may want to look at the back of the book, where phrases about such things as meeting new people and a family dinner can be found.

The Berlitz Kids™ *Picture Dictionary* has an easy-to-use index at the back of the book. This index lists the words in alphabetical order in the second language, and then gives the English translation, and the page number where the word appears in the main part of the book.

We hope the Berlitz Kids™ *Picture Dictionary* will provide you and your child with hours of enjoyable learning.

The Editors at Berlitz Kids™

a/an
un/une

A sandwich and an apple are the cat's lunch.

Pour son déjeuner, le chat a un sandwich et une pomme.

after
après

She eats an apple after lunch.

Elle mange une pomme après le déjeuner.

across
en face

The fork is across from the spoon.

La fourchette est en face de la cuillère.

again
encore

She jumps again and again.

Elle saute encore et encore.

to add
additionner

I like to add numbers.

J'aime additionner les nombres.

to agree
se mettre d'accord

They need to agree.

Ils doivent se mettre d'accord.

adventure
l'aventure

What an adventure!

Quelle aventure!

afraid
peur

The elephant is afraid.

L'éléphant a peur.

air
l'air

A balloon is full of air.

Un ballon est plein d'air.

airplane *See Transportation (page 108).*
l'avion *Voir Les transports (page 108).*

airport
l'aéroport

Airplanes land at
an airport.

**Les avions
atterrissent
à l'aéroport.**

all
toutes

All the frogs
are green.

**Toutes les
grenouilles
sont vertes.**

alligator *See Animals (page 10).*
l'alligator *Voir Les animaux (page 10).*

almost
presque

He can almost
reach it.

**Il arrive presque
à le toucher.**

along
le long

There are birds
along the path.

**Il y a des oiseaux
le long du chemin.**

already
déjà

He already
has a hat.

**Il a déjà
un chapeau.**

and
et

I have two sisters
and two brothers.

**J'ai deux
soeurs et
deux frères.**

to answer
répondre

Who wants to answer
the teacher's question?

**Qui veut
répondre à
la question
de la maîtresse?**

ant *See Insects (page 52).*
la fourmi *Voir Les insectes (page 52).*

apartment
l'appartement

He is in the apartment.

Il est dans l'appartement.

apple
la pomme

The apple is falling.

La pomme tombe.

April
avril

The month after March is April.

Le mois qui suit mars est avril.

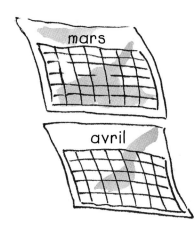

arm *See People (page 76).*
le bras *Voir Les gens (page 76).*

armadillo
le tatou

Some armadillos live in Mexico.

Certains tatous vivent au Mexique.

around
autour

Someone is walking around the stool.

Quelqu'un marche autour du tabouret.

art
l'art

Is it art?

Est-ce de l'art?

as
aussi

He is as tall as a tree!

Il est aussi grand que l'arbre!

Animals
Les animaux

monkey
le singe

kangaroo
le kangourou

lion
le lion

elephant
l'éléphant

bear
l'ours

giraffe
la girafe

jaguar
le jaguar

llama
le lama

alligator
l'alligator

snake
le serpent

fox
le renard

hippopotamus
l'hippopotame

10

cow
la vache

horse
le cheval

rooster
le coq

goat
la chèvre

rabbit
le lapin

chicken
le poulet

sheep
le mouton

pig
le cochon

fish
le poisson

duck
le canard

frog
la grenouille

11

to ask
demander

It is time to ask,
"Where are my sheep?"

**Il est temps
de demander:
— où sont mes
moutons?**

aunt
la tante

My aunt is my
mom's sister.

**Ma tante
est la soeur
de ma maman.**

at
à

The cat is
at home.

**Le chat est à
la maison.**

awake
réveillé

The duck is awake.

**Le canard
est réveillé.**

attic   *See Rooms in a House (page 86).*
le grenier   *Voir Les pièces d'une maison
(page 86).*

away
s'en aller

The cat is going away.

Le chat s'en va.

August
août

The month after
July is August.

**Le mois qui suit
juillet est août.**

baby
le bébé

The baby likes
to eat bananas.

**Le bébé aime
manger des bananes.**

ball
la balle

Can he catch
the ball?

**Peut-il attraper
la balle?**

back
le dos

She is scratching
his back.

**Elle lui gratte
le dos.**

balloon
le ballon

It is a balloon!

C'est un ballon!

bad
méchant

What a bad,
bad monster!

**Quel méchant,
méchant monstre!**

banana
la banane

The bananas
are in the bowl.

**Les bananes sont
dans le compotier.**

bag
le sac

The bag is full.

**Le sac
est plein.**

band
l'orchestre

The band is loud.

**L'orchestre
est bruyant.**

bakery
la boulangerie

Mmm! Everything at
the bakery smells great!

**Miam miam!
Tout sent tellement
bon à la boulangerie!**

bandage
le pansement

She has a bandage
on her knee.

**Elle a un pansement
sur le genou.**

13

bank
la tirelire

Put your money
into the bank!

**Mets ton argent
dans la tirelire!**

barber
le coiffeur

The barber
cuts my hair.

**Le coiffeur me
coupe les cheveux.**

to bark
aboyer

Dogs like to bark.

**Les chiens
aiment aboyer.**

baseball   *See Games and Sports (page 44).*
le base-ball   *Voir Les jeux et les sports (page 44).*

basement   *See Rooms in a House (page 86).*
le sous-sol   *Voir Les pièces d'une maison (page 86).*

basket
le panier

What is in
the basket?

**Qu'est-ce qu'il y
a dans le panier?**

basketball   *See Games and Sports (page 44).*
le basket-ball   *Voir Les jeux et les sports (page 44).*

bat
la chauve-souris

The bat is sleeping.

La chauve-souris dort.

bat
la batte

Hit the ball
with the bat!

**Frappe la balle
avec la batte!**

bath
le bain

She is taking
a bath.

Elle prend un bain.

bathroom   *See Rooms in a House (page 86).*
la salle de bain   *Voir Les pièces d'une maison (page 86).*

to be
être

Would you like
to be my friend?

**Veux-tu être
mon ami?**

beach
la plage

I like to play
at the beach.

**J'aime jouer à
la plage.**

beans
les haricots

He likes to eat beans.

**Il aime manger
des haricots.**

bear   *See Animals (page 10).*
l'ours   *Voir Les animaux (page 10).*

beautiful
belle, beau

Look at the
beautiful things.

**Regarde ces
belles choses.**

because
parce que

She is wet
because it is raining.

**Elle est mouillée
parce qu'il pleut.**

bed
le lit

The bed is next
to the table.

**Le lit est à côté
de la table.**

bedroom   *See Rooms in a House (page 86).*
la chambre à coucher   *Voir Les
pièces d'une maison (page 86).*

bee   *See Insects (page 52).*
l'abeille   *Vois Les insectes (page 52).*

beetle   *See Insects (page 52)*
le scarabée   *Vois Les insectes (page 52).*

before
avant

Put on your socks
before you put on
your shoes.

**Mets tes chaussettes
avant de mettre
tes chaussures.**

to begin
commencer

She wants to begin
the painting.

**Elle veut
commencer à
peindre.**

behind
derrière

The boy is
behind the tree.

**Le garçon est
derrière l'arbre.**

best
mieux

The red box
is the best.

**La boîte rouge
est la mieux.**

to believe
croire

This is too
good to believe.

**C'est trop
beau pour
y croire.**

better
mieux que

The belt is better
than the pin.

**La ceinture est
mieux que l'épingle
de sûreté.**

bell
la clochette

Don't ring that bell!

**Ne sonnez pas
cette clochette!**

between
entre

He is between
two trees.

**Il est entre
deux arbres.**

belt *See Clothing (page 24).*
la ceinture *Voir Les vêtements (page 24).*

bicycle *See Transportation (page 108).*
la bicyclette *Voir Les transports
(page 108).*

berry
la baie

Those berries
look good.

**Ces baies ont
l'air bonnes.**

big
grand

He is very big.

Il est très grand.

biking *See Games and Sports (page 44).*
faire de la bicyclette *Voir Les jeux et les sports (page 44).*

bird
l'oiseau

The bird is flying south for winter.

L'oiseau s'envole au sud pour l'hiver.

birthday
l'anniversaire

She is one year old today. Happy birthday!

Elle a un an aujourd'hui. Joyeux anniversaire!

black *See Numbers and Colors (page 68).*
noir *Voir Les nombres et les couleurs (page 68).*

blank
vierge

The pages are blank.

Les pages sont vierges.

blanket
la couverture

What is under that blue blanket?

Qu'est-ce qu'il y a sous la couverture bleue?

blouse *See Clothing (page 24).*
le chemisier *Voir Les vêtements (page 24).*

to blow
souffler

The wind is starting to blow.

Le vent commence à souffler.

blue *See Numbers and Colors (page 68).*
bleu *Voir Les nombres et les couleurs (page 68).*

boat *See Transportation (page 108).*
le bateau *Voir Les transports (page 108).*

book
le livre

I am reading a book.

Je lis un livre.

bookstore
la librairie

You can buy a book at a bookstore.

Vous pouvez acheter un livre à la librairie.

boots *See Clothing (page 24).*
les bottes *Voir Les vêtements (page 24).*

bottle
la bouteille

The straw is in the bottle.

La paille est dans la bouteille.

bowl
le bol

Some food is still in the bowl.

Il reste de la nourriture dans le bol.

bowling *See Games and Sports (page 44).*
le bowling *Voir Les jeux et les sports (page 44).*

box
la boîte

Why is that fox in the box?

Pourquoi ce renard est-il dans la boîte?

boy
le garçon

The boys are twin brothers.

Les garçons sont frères jumeaux.

branch
la branche

Oh, no! Get off that tree branch!

Oh, non! Descends de la branche!

brave
courageux

What a brave mouse!

Quelle souris courageuse!

bread
le pain

He likes bread with jam and butter.

Il aime le pain avec de la confiture et du beurre.

to break
casser

It is easy to break an egg.

Il est facile de casser un oeuf.

breakfast
le petit déjeuner

Morning is the time for breakfast.

Le matin est l'heure du petit déjeuner.

bridge
le pont

The boat is under
the bridge.

**Le bateau est
sous le pont.**

to bring
amener

She wants to bring
the lamb to school.

**Elle veut amener
l'agneau
à l'école.**

broom
le balai

A broom is for
sweeping.

**Un balai sert
à balayer.**

brother
le frère

He is my brother.

C'est mon frère.

brown *See Numbers and Colors (page 68).*
marron *Voir Les nombres et les couleurs
(page 68).*

brush
la brosse
à cheveux

I need my
hairbrush.

**J'ai besoin de ma
brosse à cheveux.**

bubble
la bulle

The bathtub is
full of bubbles.

**La baignoire est
pleine de bulles.**

bug
l'insecte

Do you know the
name of this bug?

**Connais-tu le
nom de cet insecte?**

to build
fabriquer

I want to build
a box.

**Je veux fabriquer
une boîte.**

bump
la bosse

The bicycle
hit a bump.

**La bicyclette a
pris une bosse.**

bus *See Transportation (page 108).*
l'autobus *Voir Les transports (page 108).*

butterfly *See Insects (page 52).*
le papillon *Voir Les insectes (page 52).*

bush
le buisson

A bird is in
the bush.

**Il y a un oiseau
dans le buisson.**

button
le bouton

One button is
missing.

**Il manque
un bouton.**

busy
occupé

He is very busy.

Il est très occupé.

to buy
acheter

He wants to
buy a banana.

**Il veut acheter
une banane.**

but
mais

The pencil is on the
table, but the book
is on the chair.

**Le crayon est sur
la table, mais le livre
est sur la chaise.**

by
à côté

She is standing
by the cheese.

**Elle est debout à
côté du fromage.**

butter
le beurre

The bread and butter
taste good.

**Le pain et le
beurre ont bon goût.**

cage
la cage

The bird is
on the cage.

**L'oiseau est sur
la cage.**

cake
le gâteau

She likes to
eat cake.

**Elle aime manger
du gâteau.**

to call
téléphoner

Remember to call
me again later.

**N'oublie pas de
me téléphoner
plus tard.**

camel
le chameau

The camel is hot.

**Le chameau
a chaud.**

camera
**l'appareil
photo**

Smile at the
camera!

**Souris à l'appareil
photo!**

can
**la boîte de
conserve**

What is in
that can?

**Qu'est-ce qu'il y a
dans la boîte de
conserve?**

candle
la bougie

She is lighting
the candle.

**Elle allume
la bougie.**

candy
les bonbons

Candy is sweet.

**Les bonbons
sont sucrés.**

cap *See Clothing (page 24).*
la casquette *Voir Les vêtements
(page 24).*

car *See Transportation (page 108).*
la voiture *Voir Les transports (page 108).*

card
la carte

Do you want
to play cards?

**Voulez-vous jouer
aux cartes?**

to care
soigner

Her job is to
care for pets.

**Son travail est
de soigner les
animaux.**

carpenter
le charpentier

A carpenter makes
things with wood.

**Un charpentier
fabrique des objets
avec du bois.**

carrot
la carotte

A carrot is orange.

Une carotte est orange.

to carry
porter

Are you sure you
want to carry that?

**Es-tu sûre
de vouloir porter
ce sac?**

castanets
les castagnettes

Click the castanets
to the music!

**Joue des
castagnettes au son
de la musique!**

castle
le château

The king lives
in a castle.

**Le roi habite
dans un château.**

cat
le chat

The cat sees
the mouse.

**Le chat voit
la souris.**

22

caterpillar *See Insects (page 52).*
la chenille *Voir Les insectes (page 52).*

to catch
attraper

He runs to catch
the ball.

**Il court pour
attraper le ballon.**

cave
la grotte

Who lives in the cave?

**Qui habite dans
la grotte?**

to celebrate
célébrer

They are here to
celebrate his birthday.

**Ils sont tous là pour
célébrer son
anniversaire.**

chair
la chaise

He is sitting
on a chair.

**Il est assis sur
une chaise.**

chalk
la craie

You can write
with chalk.

**On peut écrire avec
de la craie.**

to change
changer

He wants to change
his shirt.

**Il veut changer
sa chemise.**

to cheer
acclamer

It is fun to cheer
for our team.

**C'est amusant
d'acclamer notre
équipe.**

cheese
le fromage

The mouse likes
to eat cheese.

**La souris
aime manger
du fromage.**

Clothing

Les vêtements

vest
le gilet

hat
le chapeau

raincoat
l'imperméable

cap
la casquette

earmuffs
le cache-oreilles

shirt
la chemise

tie
la cravate

jacket
la veste

belt
la ceinture

pants
le pantalon

gloves
les gants

socks
les chaussettes

sneakers
les chaussures de sport

dress
la robe

coat
le manteau

mittens
les moufles

scarf
l'écharpe

blouse
le chemisier

boots
les bottes

sweater
le tricot

skirt
la jupe

shoes
les chaussures

shawl
le châle

25

cherry
la cerise

He wants
a cherry.

Il veut une cerise.

circus
le cirque

There are clowns
at a circus.

**Il y a des clowns
au cirque.**

chicken *See Animals (page 10).*
la poule *Voir Les animaux (page 10).*

child
l'enfant

She is a
happy child.

**C'est une enfant
heureuse.**

city
la ville

This cow does not
live in the city.

**Cette vache n'habite
pas la ville.**

chocolate
le chocolat

He likes chocolate.

Il aime le chocolat.

to clap
applaudir

He likes to clap
when he is happy.

**Il aime applaudir
quand il est content.**

circle
le cercle

It is drawing
a circle.

**Il dessine
un cercle.**

class
la classe

There is an elephant
in my class.

**Il y a un éléphant
dans ma classe.**

classroom
la salle de classe

A teacher works in a classroom.

Un maître d'école travaille dans une salle de classe.

clean
propre

The car is very clean.

La voiture est très propre.

to clean
nettoyer

He is starting to clean his room.

Il commence à nettoyer sa chambre.

to climb
grimper

The bear likes to climb the tree.

L'ours aime grimper dans l'arbre.

clock
le réveil

A clock tells time.

Un réveil donne l'heure.

close
près

The turtle is close to the rock.

La tortue est près du rocher.

to close
fermer

He is going to close the window.

Il va fermer la fenêtre.

closet
le placard

See Rooms in a House (page 86).

Voir Les pièces d'une maison (page 86).

cloud
le nuage

The sun is behind the cloud.

Le soleil est derrière le nuage.

clown

The clown
is funny.

Le clown est drôle.

coat *See Clothing (page 24).*
le manteau *Voir Les vêtements (page 24).*

cold
froid

It is cold
in here!

Il fait froid là-dedans!

comb
le peigne

Where is
my comb?

Où est mon peigne?

to comb
peigner

He likes to comb
his hair.

**Le chien aime se
peigner les poils.**

to come
venir

He wants them to
come over here.

**Il veut les faire
venir ici.**

computer
l'ordinateur

I think she is working
at her computer too long.

**Je pense qu'elle
travaille trop
longtemps à
son ordinateur.**

to cook
cuisiner

It is fun to cook.

**C'est amusant
de cuisiner.**

cookie
le biscuit

Mary wants a cookie.

Marie veut un biscuit.

to count
compter

There are too many
stars to count.

**Il y a beaucoup trop
d'étoiles pour
les compter.**

28

country
la campagne
The country is beautiful.

La campagne est belle.

cow *See Animals (page 10).*
la vache *Voir Les animaux (page 10).*

crayon
le crayon pastel
She is drawing with her crayons.

Elle dessine avec ses crayons pastel.

cricket *See Games and Sports (page 44).*
le jeux de cricket *Voir Les jeux et les sports (page 44).*

cricket *See Insects (page 52).*
le grillon *Voir Les insectes (page 52).*

crowded
bondé
This elevator is crowded.

L'ascenseur est bondé.

to cry
pleurer
Try not to cry!

Essaye de ne pas pleurer!

cup
la tasse
He is drinking water from the cup.

Il boit l'eau de la tasse.

to cut
couper
Use a knife to cut the carrots!

Prends un couteau pour couper les carottes!

cute
mignon
She thinks her baby is cute.

Elle pense que son bébé est mignon.

D

dad
le papa

My dad and
I look alike.

**Mon papa et moi,
nous nous ressemblons.**

to dance
danser

The pig likes to dance
and play the drum.

**Le cochon aime
danser et jouer
du tambour.**

danger
le danger

He is in danger.

Il est en danger.

dark
sombre

It is dark at night.

Il fait sombre la nuit.

day
le jour

The sun shines in the day.

**Le soleil brille
pendant le jour.**

December
décembre

The month after
November is December.

**Le mois qui suit
novembre est
décembre.**

to decide
se décider

It is hard to decide.

C'est dur de se décider.

decision
la décision

That is a good
decision.

**C'est une bonne
décision.**

deck   *See Rooms in a House (page 86).*
la terrasse   *Voir Les pièces d'une maison
(page 86).*

decorations
les décorations

The decorations
look great!

**Les décorations ont
l'air réussies!**

deer
le cerf

The deer is running in the woods.

Le cerf court dans le bois.

dentist
la dentiste

The dentist has a big job.

La dentiste a un gros travail.

department
le rayon

This is the hat department.

C'est le rayon des chapeaux.

desk
le bureau

The desk is very messy.

Le bureau est en désordre.

different
différent

The one in the middle is different.

Celui du milieu est différent.

difficult
difficile

This is difficult!

C'est difficile!

to dig
creuser

A dog uses its paws to dig.

Un chien utilise ses pattes pour creuser.

dining room
la salle à manger

See Rooms in a House (page 86).

Voir Les pièces d'une maison (page 86).

dinner
le dîner

We have dinner at 6 o'clock.

Nous prenons le dîner à six heures.

dinosaur
le dinosaure

The dinosaur is having fun.

Le dinosaure s'amuse.

dirty
sale

The pig is dirty.

Le cochon est sale.

dish
la vaisselle

Do not drop
the dishes!

**Ne fais pas tomber
la vaisselle!**

to do
faire

He has a lot
to do.

**Il a beaucoup
à faire.**

doctor
le docteur

The doctor checks
the baby.

**Le docteur examine
le bébé.**

dog
le chien

The dog has
a funny hat.

**Le chien a un drôle
de chapeau.**

doll
la poupée

The doll is in a box.

**La poupée est
dans une boîte.**

dolphin
le dauphin

Dolphins live in
the sea.

**Les dauphins vivent
dans la mer.**

donkey
l'âne

The donkey is sleeping.

L'âne dort.

door
la porte

What is behind
the door?

**Qu'y a-t-il derrière
la porte?**

down
descendre

The elevator is
going down.

**L'ascenseur
descend.**

dragon
le dragon

The dragon is
cooking lunch.

**Le dragon prépare
le déjeuner.**

to draw
dessiner

He likes to draw.

Il aime dessiner.

drawing
le dessin

Look at my drawing!

Regarde mon dessin!

dress *See Clothing (page 24).*
la robe *Voir Les vêtements (page 24).*

to drink
boire

She likes to
drink milk.

**Elle aime boire
du lait.**

to drive
conduire

He is too small
to drive.

**Il est trop petit
pour conduire.**

to drop
laisser tomber

He is going to
drop the pie.

**Il va laisser tomber
la tarte.**

drum
la grosse caisse

He can play
the drum.

**Il sait jouer de
la grosse caisse.**

dry
sèche, sec

The shirt is dry.

La chemise est sèche.

duck *See Animals (page 10).*
le canard *Voir Les animaux (page 10).*

dust
la poussière

There is dust
under the bed.

**Il y a de la poussière
sous le lit.**

E

each
chaque

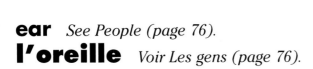

Each snowflake
is different.

**Chaque flocon de
neige est différent.**

ear *See People (page 76).*
l'oreille *Voir Les gens (page 76).*

early
tôt

The sun comes up
early in the day.

**Le soleil se lève
tôt le matin.**

earmuffs *See Clothing (page 24).*
le cache-oreilles *Voir Les
vêtements (page 24).*

to earn
gagner

We work to earn money.

**Nous travaillons pour
gagner de l'argent.**

east
l'est

The sun comes
up in the east.

**Le soleil se lève
à l'est.**

to eat
manger

This bird likes
to eat worms.

**Cet oiseau aime
manger des vers
de terre.**

egg
l'oeuf

The hen has an egg.

La poule a un oeuf.

eight *See Numbers and Colors (page 68).*
huit *Voir Les nombres et les couleurs (page 68).*

eighteen *See Numbers and Colors (page 68).*
dix-huit *Voir Les nombres et les couleurs
(page 68).*

eighty *See Numbers and Colors (page 68).*
quatre-vingts *Voir Les nombres et les
couleurs (page 68).*

elephant *See Animals (page 10).*
l'éléphant *Voir Les animaux (page 10).*

eleven *See Numbers and Colors (page 68).*
onze *Voir Les nombres et les couleurs (page 68).*

empty
vide

The bottle is empty.

La bouteille est vide.

to end
finir

It is time to end the game.

Il est temps de finir la partie.

enough
assez

He has enough food!

Il a assez de nourriture!

every
tous

Every egg is broken.

Tous les oeufs sont cassés.

everyone
tout le monde

Everyone here has spots!

Tout le monde ici a des taches!

everything
tout

Everything is purple.

Tout est violet.

everywhere
partout

There are balls everywhere.

Il y a des ballons partout.

excited
enthousiasmé

He is excited.

Il est enthousiasmé.

eye *See People (page 76).*
l'oeil *Voir Les gens (page 76).*

face *See People (page 76).*
le visage *Voir Les gens (page 76).*

factory
l'usine

Cans are made in
this factory.

**Les conserves sont
fabriquées dans
cette usine.**

to fall
tomber

He is about to fall.

Il va tomber.

fall
l'automne

It is fall.

C'est l'automne.

family
la famille

This is a big
family.

**C'est une
famille nombreuse.**

fan
le ventilateur

Please, turn off the fan!

**S'il te plaît,
éteins le
ventilateur!**

far
loin

The moon is
far away.

**La lune est
loin.**

faraway
lointain

She is going to a
faraway place.

**Elle part dans un
endroit lointain.**

fast
vite

That train is
going fast!

**Ce train
va vite!**

fat
gras

The pig
is fat.

**Le cochon
est gras.**

father
le père

My father and
I look alike.

**Mon père et moi,
nous nous
ressemblons.**

favorite
favori

This is my favorite toy.

**C'est mon jouet
favori.**

feather
la plume

The feather is
tickling her nose.

**La plume lui
chatouille le nez.**

February
février

The month after
January is February.

**Le mois qui suit
janvier est février.**

to feel
sentir

He likes to
feel safe.

**Il aime se sentir
en sécurité.**

fence
la barrière

A zebra is
on my fence.

**Il y a un zèbre
sur ma barrière.**

fifteen   *See Numbers and Colors (page 68).*
quinze   *Voir Les nombres et les couleurs
(page 68).*

fifty   *See Numbers and Colors (page 68).*
cinquante   *Voir Les nombres et les couleurs
(page 68).*

to find
trouver

He is trying to
find his kite.

**Il essaye de trouver
son cerf-volant.**

finger   *See People (page 76).*
le doigt   *Voir Les gens (page 76).*

fire
le feu

He can put
out the fire.

**Il peut éteindre
le feu.**

firefighter
le pompier

The firefighter has boots and a hat.

Le pompier a des bottes et un casque.

firefly *See Insects (page 52).*
la luciole *Voir Les insectes (page 52).*

firehouse
la station de pompiers

Welcome to the firehouse!

Bienvenue à la station de pompiers!

first
le premier

The yellow one is first in line.

Le jaune est le premier de la file.

fish *See Animals (page 10).*
le poisson *Voir Les animaux (page 10).*

five *See Numbers and Colors (page 68).*
cinq *Voir Les nombres et les couleurs (page 68).*

to fix
réparer

She wants to fix it.

Elle veut réparer la bicyclette.

flag
le drapeau

A flag is above her hat.

Un drapeau flotte sur son chapeau.

flat
plat

The tire is flat.

Le pneu est à plat.

flea *See Insects (page 52).*
la puce *Voir Les insectes (page 52).*

floor
le sol

There is a hole in the floor.

Il y a un trou dans le sol.

flower
la fleur

The flower is growing.

La fleur pousse.

flute
la flûte

Robert plays the flute.

Robert joue de la flûte.

fly *See Insects (page 52).*
la mouche *Voir Les insectes (page 52).*

to fly
voler

The bee wants to fly.

L'abeille essaye de voler.

fog
le brouillard

He is walking in the fog.

Il marche dans le brouillard.

food
la nourriture

He eats a lot of food.

Il mange beaucoup de nourriture.

foot *See People (page 76).*
le pied *Voir Les gens (page 76).*

for
pour

This is for you.

C'est pour toi.

to forget
oublier

He does not want to forget his lunch!

Il ne veut pas oublier son déjeuner!

fork
la fourchette

He eats with a fork.

Il mange avec une fourchette.

forty *See Numbers and Colors (page 68).*
quarante *Voir Les nombres et les couleurs (page 68).*

four *See Numbers and Colors (page 68).*
quatre *Voir Les nombres et les couleurs (page 68).*

fourteen *See Numbers and Colors (page 68).*
quatorze *Voir Les nombres et les couleurs (page 68).*

fox *See Animals (page 10).*
le renard *Voir Les animaux (page 10).*

Friday
le vendredi

On Friday, we go to the park.

Le vendredi, nous allons au parc.

friend
l'ami

We are good friends.

Nous sommes de bon amis.

frog *See Animals (page 10).*
la grenouille *Voir Les animaux (page 10).*

front
devant

She sits in front of him.

Elle est assise devant lui.

fruit
le fruit

Fruit is delicious.

Les fruits sont délicieux.

full
plein

The cart is full of lizards.

Le chariot est plein de lézards.

fun
s'amuser

She is having fun.

Elle s'amuse bien.

funny
drôle

What a funny face!

Quel drôle de visage!

game
le jeu

We play the game in the park.

Nous faisons une partie de jeu dans le parc.

garage *See Rooms in a House (page 86).*
le garage *Voir Les pièces d'une maison (page 86).*

garden
le jardin

Roses are growing in the garden.

Les roses poussent dans le jardin.

gate
le portail

The gate is open.

Le portail est ouvert.

to get
attraper

The mice are trying to get the cheese.

Les souris essayent d'attraper le fromage.

giraffe *See Animals (page 10).*
la girafe *Voir Les animaux (page 10).*

girl
la fille

The girl is dancing.

La fille danse.

to give
donner

I want to give you a present.

Je veux te donner un cadeau.

glad
content

She is glad to see you.

Elle est contente de te voir.

glass
le verre

Windows are made
of glass.

**Les fenêtres sont
faites en verre.**

glasses
les lunettes

This owl wears
glasses.

**Ce hibou porte
des lunettes.**

gloves *See Clothing (page 24).*
les gants *Voir Les vêtements (page 24).*

to go
aller

It is time to go
to your room.

**Il est temps d'aller
dans ta chambre.**

goat *See Animals (page 10).*
la chèvre *Voir Les animaux (page 10).*

golf *See Games and Sports (page 44).*
le golf *Voir Les jeux et les sports (page 44).*

good
gentille, gentil

What a good dog!

**Quelle gentille
chienne!**

good-bye
au revoir

Good-bye!

Au revoir!

goose
l'oie

A goose is riding
a bicycle.

**Une oie fait de
la bicyclette.**

gorilla
le gorille

The gorilla is eating a banana.

Le gorille mange une banane.

to grab
saisir

She wants to grab the bananas.

Elle veut saisir les bananes.

grandfather
le grand-père

I have fun with my grandfather!

Je m'amuse avec mon grand-père!

grandma
la grand-maman

Grandma is my dad's mother.

Grand-maman est la mère de mon papa.

grandmother
la grand-mère

My grandmother likes to bake.

Ma grand-mère aime faire de la pâtisserie.

grandpa
le grand-papa

Grandpa is my mom's father.

Grand-papa est le père de ma maman.

grape
le raisin

Get the grapes!

Attrape les raisins!

grass
l'herbe

Cows eat grass.

Les vaches mangent de l'herbe.

grasshopper *See Insects (page 52).*
la sauterelle *Voir Les insectes (page 52).*

43

Games and Sports

Les jeux et les sports

baseball
le base-ball

basketball
le basket-ball

golf
le golf

ping-pong
le ping-pong

running
la course à pied

bowling
le bowling

ice skating
le patin à glace

soccer
le football

tennis
le tennis

skiing
le ski

biking
le cyclisme

swimming
la natation

gray See Numbers and Colors (page 68).
gris *Voir Les nombres et les couleurs (page 68).*

great
la réussite

It is a great party.

Cette fête est une réussite.

green See Numbers and Colors (page 68).
vert *Voir Les nombres et les couleurs (page 68).*

groceries
les courses

The groceries are falling out.

Les courses tombent par terre.

ground
le sol

They live in the ground.

Ils vivent dans le sol.

group
le groupe

This is a group of artists.

C'est un groupe d'artistes.

to grow
grandir

He wants to grow.

Il veut grandir.

to guess
deviner

It is fun to guess what is inside.

C'est amusant de deviner ce qu'il y a dedans.

guitar
la guitare

My robot plays the guitar.

Mon robot joue de la guitare.

hair *See People (page 76).*
les cheveux *Voir Les gens (page 76).*

half
la moitié

Half the cookie is gone.

La moitié du biscuit est mangée.

hall *See Rooms in a House (page 86).*
le hall d'entrée *Voir Les pièces d'une maison (page 86).*

hammer
le marteau

Hit the nail with the hammer!

Enfonce le clou avec le marteau!

hammock
le hamac

Dad is sleeping in the hammock.

Papa dort dans le hamac.

hand *See People (page 76).*
la main *Voir Les gens (page 76).*

happy
heureux

This is a happy face.

C'est un visage heureux.

hard
dur

The rock is hard.

Le rocher est dur.

harp
la harpe

She plays the harp very well.

Elle joue très bien de la harpe.

hat *See Clothing (page 24).*
le chapeau *Voir Les vêtements (page 24).*

to have
avoir

She needs to have three hats.

Elle a besoin d'avoir trois chapeaux.

he
il

He is under the table.

Il est sous la table.

head *See People (page 76).*
la tête *Voir Les gens (page 76).*

to hear *See People (page 76).*
entendre *Voir Les gens (page 76).*

heart
le coeur

The heart is red.

Le coeur est rouge.

helicopter *See Transportation (page 108).*
l'hélicoptère *Voir Les transports (page 108).*

hello
bonjour

Hello.
How are you?

**Bonjour.
Comment vas-tu?**

help
aide

I need help!

J'ai besoin d'aide!

her
sa, son

This is her tail.

C'est sa queue.

here
ici

I live here.

J'habite ici.

hi
salut

Hi!

Salut!

to hide
se cacher

She is too big to hide
under the box.

**Elle est trop grosse
pour se cacher
sous la boîte.**

high
haut

The star is high
in the sky.

**L'étoile est haut
dans le ciel.**

hill
la pente

She is coming
down the hill.

**Elle descend
la pente.**

hippopotamus *See Animals (page 10).*
l'hippopotame *Voir Les animaux (page 10).*

to hit
frapper

He tries to hit
the ball.

**Il essaye de
frapper la balle.**

to hold
tenir

He has to hold her
hand now.

**Il doit maintenant
lui tenir la main.**

hole
le trou

He is digging a hole.

Il creuse un trou.

home
à la maison

She is at home,
relaxing.

**Elle se détend
à la maison.**

hooray
hourra

We are winning! Hooray!

**Nous sommes en
train de gagner!
Hourra!**

to hop
sauter

They know how to hop.

**Elles savent
comment sauter.**

horn
le cor

He plays the horn.

Il joue du cor.

horse *See Animals (page 10).*
le cheval *Voir Les animaux (page 10).*

hospital
l'hôpital

Doctors work at
the hospital.

**Les médecins
travaillent à l'hôpital.**

hot
chaud

Fire is hot.

Le feu est chaud.

hotel
l'hôtel

He is staying at
the hotel.

**Il a une chambre
à l'hôtel.**

hour
l'heure

In an hour, it is going to be two o'clock.

Dans une heure, il sera deux heures.

house
la maison

The house has many windows.

La maison a beaucoup de fenêtres.

how
comment

How does he do that?

Comment fait-il cela?

hug
serrer dans ses bras

Give me a hug!

Serre-moi dans tes bras!

huge
énorme

That cat is huge!

Ce chat est énorme!

hundred
cent

See Numbers and Colors (page 68).

Voir Les nombres et les couleurs (page 68).

hungry
avoir faim

I think he is hungry.

Je pense qu'il a faim.

to hurry
se dépêcher

She has to hurry.

Elle doit se dépêcher.

to hurt
faire mal

It does not have to hurt.

Ça ne doit pas faire mal.

husband
le mari

He is her husband.

C'est son mari.

50

I
je

"I am so cute!" she says.

— **Je suis tellement mignonne! dit-elle.**

ice
la glace

We skate on ice.

Nous patinons sur la glace.

ice cream
la crème glacée

Clara likes ice cream.

Claire aime la crème glacée.

idea
l'idée

She has an idea.

Elle a une idée.

important
important

He looks very important.

Il a l'air très important.

in
dans

What is in that box?

Qu'y a-t-il dans cette boîte?

inside
à l'intérieur

He is inside the house.

Il est à l'intérieur de la maison.

into
dans

Do not go into that cave!

Ne rentre pas dans cette grotte!

island
l'île

The goat is on an island.

La chèvre est sur une île.

Insects

Les insectes

butterfly
le papillon

wasp
la guêpe

mantis
la mante

fly
la mouche

flea
la puce

beetle
le scarabée

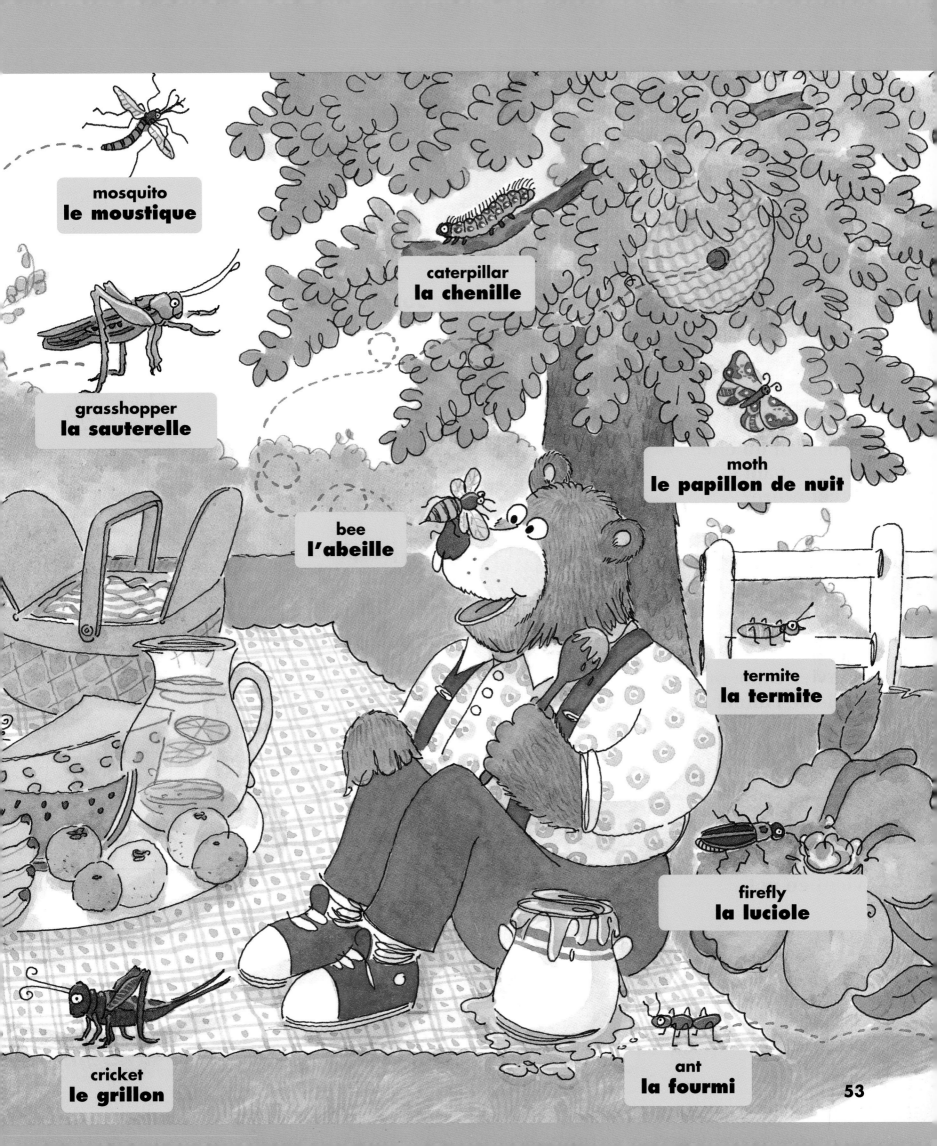

mosquito
le moustique

caterpillar
la chenille

grasshopper
la sauterelle

moth
le papillon de nuit

bee
l'abeille

termite
la termite

firefly
la luciole

cricket
le grillon

ant
la fourmi

53

J

jacket
la veste *See Clothing (page 24).* *Voir Les vêtements (page 24).*

jaguar
le jaguar *See Animals (page 10).* *Voir Les animaux (page 10).*

jam
la confiture

Do you think she likes bread and jam?

Penses-tu qu'elle aime le pain et la confiture?

January
janvier

January is the first month of the year.

Janvier est le premier mois de l'année.

jar
le pot

Jam comes in a jar.

La confiture vient en pot.

job
le travail

It is a big job.

C'est un gros travail.

juice
le jus

She is pouring a glass of orange juice.

Elle verse un verre de jus d'orange.

July
juillet

The month after June is July.

Après le mois de juin, vient le mois de juillet.

to jump
sauter

The animal loves to jump.

L'animal aime sauter.

June
juin

The month after May is June.

Après le mois de mai, vient le mois de juin.

junk
le bric-à-brac

No one can use this junk.

Personne ne peut utiliser ce bric-à-brac.

kangaroo *See Animals (page 10).*
le kangourou *Voir Les animaux (page 10).*

to keep
garder

I want to keep him.

Je veux le
garder.

key
la clef

Which key opens the lock?

Quelle clef ouvre la serrure?

to kick
donner
un coup
de pied

He wants to kick the ball.

Il veut donner un coup de pied au ballon.

kind
gentille, gentil

She is kind to animals.

Elle est gentille avec les animaux.

kind
la sorte

What kind of animal is that?

De quelle sorte d'animal s'agit-il?

king
le roi

The king is having fun.

Le roi s'amuse.

kiss
le baiser

Would you like to give the monkey a kiss?

Voulez-vous donner un baiser au singe?

kitchen *See Rooms in a House (page 86).*
la cuisine *Voir Les pièces d'une maison (page 86).*

knife
le couteau

A knife can cut things.

Un couteau sert à couper.

kite
le cerf-volant

Kites can fly high.

Les cerf-volants peuvent voler haut.

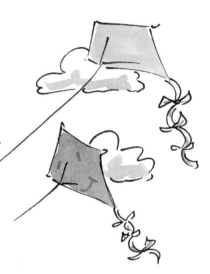

to knock
frapper

He starts to knock on the door.

Il commence à frapper à la porte.

kitten
le chaton

A kitten is a baby cat.

Un chaton est un bébé chat.

to know
savoir

He wants to know what it says.

Il veut savoir ce qu'il est écrit.

knee *See People (page 76).*
le genou *Voir Les gens (page 76).*

ladder
l'échelle

He climbs the ladder.

Il monte à l'échelle.

lake
le lac

He is drinking the lake!

Il boit le lac!

lamp
la lampe

He has a lamp on his head.

Il a une lampe sur la tête.

lap
les genoux

He sits on his grandma's lap to hear the story.

Il est assis sur les genoux de sa grand-mère pour écouter l'histoire.

last
le dernier

The pink one is last in line.

L'animal rose est le dernier de la file.

late
tard

It is late at night.

Il est tard.

to laugh
rire

It is fun to laugh.

C'est amusant de rire.

laundry room
la buanderie

See Rooms in a House (page 86).

Voir Les pièces d'une maison (page 86).

lazy
paresseux

He is so lazy.

Il est tellement paresseux.

leaf
la feuille

The tree has one leaf.

L'arbre a une feuille.

L

to leave
partir

She does not want
to leave.

**Elle ne veut pas
partir.**

left
gauche

This is your left hand.

**C'est ta main
gauche.**

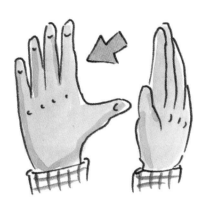

leg
See People (page 76).
la jambe
Voir Les gens (page 76).

lemon
le citron

She likes lemons.

**Elle aime les
citrons.**

leopard
le léopard

One leopard is losing
its spots.

**Le léopard perd
ses taches.**

to let
laisser

Papa is not going to
let him go.

**Papa ne veut pas
le laisser partir.**

letter
la lettre

This letter is going
airmail.

**La lettre part par
avion.**

library
la bibliothèque

The library is full
of books.

**La bibliothèque est
pleine de livres.**

to lick
lécher

You have to lick it.

Tu dois la lécher.

life
la vie

Life is wonderful!

**La vie est
merveilleuse.**

58

light
la lumière

The sun gives us light.

Le soleil nous donne de la lumière.

lightning
l'éclair

Look! There's lightning!

Regarde! Il y a des éclairs!

to like
aimer

He is going to like the cake.

Il va aimer le gâteau.

like
comme

She looks like a rock.

Elle est comme un rocher.

line
la ligne

I can draw a line.

Je peux dessiner une ligne.

lion *See Animals (page 10).*
le lion *Voir Les animaux (page 10).*

to listen
écouter

He does not want to listen to loud music.

Il ne veut pas écouter de musique bruyante.

little
petit

The bug is little.

L'insecte est petit.

to live
habiter

What a nice place to live!

Quel endroit charmant à habiter!

living room *See Rooms in a House (page 86).*
le salon *Voir Les pièces d'une Maison (page 86).*

llama *See Animals (page 10).*
le lama *Voir Les animaux (page 10).*

to lock
fermer à clef

Do not forget to lock the door.

N'oublie pas de fermer la porte à clef.

long
long

That is a long snake.

C'est un long serpent.

to look
regarder

I use this to look at stars.

J'utilise ceci pour regarder les étoiles.

to lose
perdre

He does not want to lose his hat.

Il ne veut pas perdre son chapeau.

lost
perdu

Oh, no! He is lost.

Oh, non! Il est perdu.

lots
beaucoup

There are lots of bubbles.

Il y a beaucoup de bulles.

loud
bruyante

The music is loud!

La musique est bruyante.

to love
aimer

She is going to love the present.

Elle va aimer le cadeau.

love
l'amour

Love is wonderful.

L'amour est merveilleux.

low
bas

The bridge is low.

Le pont est bas.

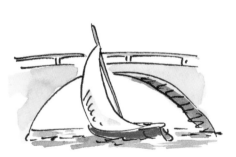

lunch
le déjeuner

He has nuts for lunch.

Il mange des noix pour le déjeuner.

mad
fâché

The frogs are mad.

Les grenouilles sont fâchées.

man
l'homme

The man is waving.

L'homme fait signe.

mail
le courrier

The mail is here.

Le courrier est là.

mango
la mangue

Is he going to eat the whole mango?

Est-ce qu'il va manger la mangue tout entière?

mailbox
la boîte aux lettres

What is in that mailbox?

Qu'est-ce qu'il y a dans cette boîte aux lettres?

mantis   *See Insects (page 52).*
la mante   *Voir Les insectes (page 52).*

many
beaucoup

There are many dots!

Il y a beaucoup de points!

mail carrier
le facteur

Our mail carrier brings us the mail.

Notre facteur nous apporte le courrier.

map
la carte

The map shows where to go.

La carte indique où aller.

to make
faire

A belt is easy to make.

Une ceinture est facile à faire.

M

maraca
la maraca

Shake those maracas!

Secoue ces maracas!

March
mars

The month after
February is March.

**Après le mois de février,
vient le mois de mars.**

math
les mathématiques

He is not very good
at math.

**Il n'est pas
très bon en
mathématiques.**

May
mai

The month after
April is May.

**Après le mois d'avril,
vient le mois de mai.**

maybe
peut-être

Maybe it is a ball.

**Peut-être est-ce
un ballon.**

mayor
le maire

The mayor leads
the town.

**Le maire dirige
la ville.**

me
moi

Look at me!

Regarde-moi!

to mean
signifier

That has to mean "hello."

**Cela doit signifier
"bonjour".**

meat
la viande

I am eating meat, salad,
and potatoes for dinner.

**Je mange de la
viande, de la salade
et des pommes de
terre pour dîner.**

medicine
le médicament

Take your medicine!

**Prends tes
médicaments!**

to meet
rencontrer

I am happy to meet you.

Je suis heureux de te rencontrer.

minute
la minute

It is one minute before noon.

Il est midi moins une minute.

meow
miaou

Cats say, "MEOW!"

Les chats font — MIAOU!

mirror
le miroir

He loves to look in the mirror.

Il aime se regarder dans le miroir.

mess
le désordre

What a mess!

Quel désordre!

to miss
manquer

He does not want to miss the airplane.

Il ne veut pas manquer l'avion.

messy
désordonné

The bear is a little messy.

L'ours est un peu désordonné.

mittens *See Clothing (page 24).*
les moufles *Voir Les vêtements (page 24).*

milk
le lait

He likes milk.

Il aime le lait.

to mix
mélanger

Use the spoon to mix it.

Utilise la cuillère pour tout mélanger.

mom
la maman
She is the baby's mom.

C'est la maman du bébé.

Monday
le lundi
On Monday, we take baths.

Chaque lundi, nous prenons un bain.

money
l'argent
Look at all the money!

Regarde tout cet argent!

monkey *See Animals (page 10).*
le singe *Voir Les animaux (page 10).*

month
le mois
January and February are the first two months of the year.

Janvier et février sont les deux premiers mois de l'année.

moon
la lune
The moon is up in the sky.

La lune est haut dans le ciel.

more
plus
She needs to buy more juice.

Elle a besoin d'acheter plus de jus.

morning
le matin
The sun comes up in the morning.

Le soleil se lève le matin.

mosquito *See Insects (page 52).*
le moustique *Voir Les insectes (page 52).*

most
presque
Most of the milk is gone.

Le lait est presque fini.

moth *See Insects (page 52).*
le papillon de nuit *Voir Les Insectes (page 52)*

mother
la mère

She is the baby's mother.

C'est la mère du bébé.

motorcycle *See Transportation (page 108).*
la motocyclette *Voir Les Transports (page 108).*

mountain
la montagne

He is climbing up the mountain.

Il grimpe la montagne.

mouse
la souris

The mouse is skating.

La souris fait du patin à glace.

mouth *See People (page 76).*
la bouche *Voir Les gens (page 76).*

to move
déménager

They have to move.

Ils doivent déménager.

movie
le film

They are watching a movie.

Ils regardent un film.

Mr.
M.

Say hello to Mr. Green.

Dis bonjour à M. Green.

Mrs.
Mme

Mrs. English is getting on the bus.

Mme English monte dans l'autobus.

much
beaucoup

There is not much in the refrigerator.

Il n'y a pas beaucoup de nourriture dans le réfrigérateur.

music
la musique

They can play music.

Ils savent jouer de la musique.

my
mon

This is my nose.

C'est mon nez.

N

nail
le clou

Try to hit the nail!

Essaye d'enfoncer le clou!

name
le nom

His name begins with "R."

Son nom commence par un "R".

neck *See People (page 76).*
le cou *Voir Les gens (page 76).*

necklace
le collier

She loves her necklace.

Elle aime son collier.

to need
falloir

He is going to need a snack later.

Il lui faudra un petit en-cas plus tard.

neighbor
le voisin

They are neighbors.

Ils sont voisins.

nest
le nid

The birds are near their nest.

Les oiseaux sont près de leur nid.

never
jamais

She is never going to fly.

Elle ne va jamais voler.

new
nouveau, nouvelle

He has a new umbrella.

Il a un nouveau parapluie.

newspaper
le journal

Who is cutting my newspaper?

Qui découpe mon journal?

next
proche

She is next to the rock.

Elle est proche du rocher.

next
le prochain

The horse is next.

Le cheval est le prochain.

nice
charmant

What a nice clown!

Quel clown charmant!

night
la nuit

It is dark at night.

C'est une nuit noire.

nine
See Numbers and Colors (page 68).
neuf
Voir Les nombres et les couleurs (page 68).

nineteen
See Numbers and Colors (page 68).
dix-neuf
Voir Les nombres et les couleurs (page 68).

ninety
See Numbers and Colors. (page 68).
quatre-vingt-dix
Voir Les nombres et les couleurs (page 68).

no
non

No, you may not go.

Non, tu ne peux pas partir.

noise
le bruit

He is making a terrible noise.

Il fait un bruit terrible.

noisy
bruyant

They are very noisy.

Ils sont très bruyants.

noon
midi

It is noon.

Il est midi.

Numbers and Colors
Les nombres et les couleurs

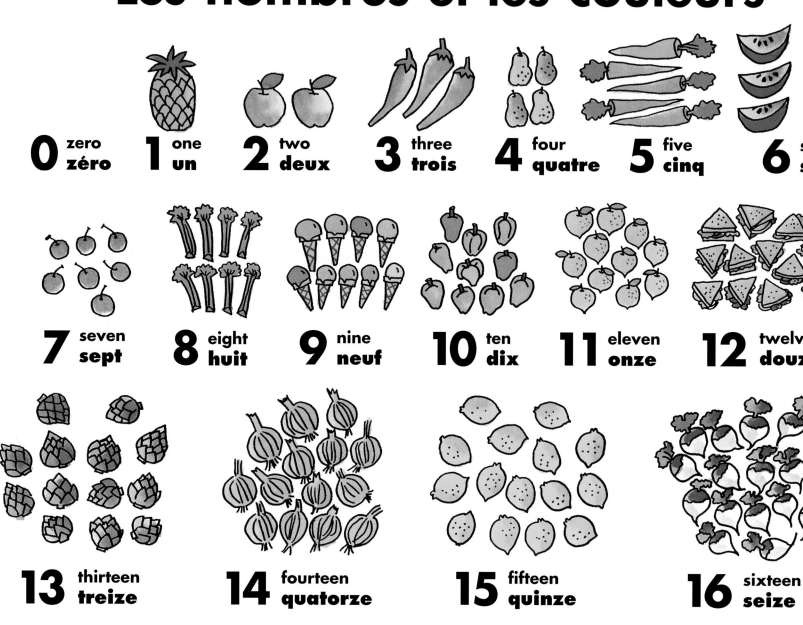

0 zero
zéro

1 one
un

2 two
deux

3 three
trois

4 four
quatre

5 five
cinq

6 six
six

7 seven
sept

8 eight
huit

9 nine
neuf

10 ten
dix

11 eleven
onze

12 twelve
douze

13 thirteen
treize

14 fourteen
quatorze

15 fifteen
quinze

16 sixteen
seize

17 seventeen
dix-sept

18 eighteen
dix-huit

19 nineteen
dix-neuf

20 twenty
vingt

 **30** thirty
trente

 **40** forty
quarante

 **50** fifty
cinquante

 **60** sixty
soixante

 **70** seventy
soixante-dix

 **80** eighty
quatre-vingts

 **90** ninety
quatre-vingt-dix

 **100** one hundred
cent

 **1000** one thousand
mille

Colors

Les couleurs

	gray **gris**	purple **violet**	yellow **jaune**
black **noir**	green **vert**	red **rouge**	
blue **bleu**	orange **orange**	tan **sable**	
brown **marron**	pink **rose**	white **blanc**	

north
le nord

It is cold in the north.

Il fait froid au nord.

November
novembre

The month after October is November.

Après le mois d'octobre, vient le mois de novembre.

nose *See People (page 76).*
le nez *Voir Les gens (page 76).*

now
maintenant

The mouse needs to run now.

La souris a besoin de courir maintenant.

not
ne...pas

The bird is not red.

L'oiseau n'est pas rouge.

number
le chiffre

There are five numbers.

Il y a cinq chiffres.

note
le message

He is writing a note.

Il écrit un message.

nurse
l'infirmière

She wants to be a nurse.

Elle veut être infirmière.

nothing
rien

There is nothing in the bottle.

Il n'y a rien dans la bouteille.

nut
la noisette

I think he likes nuts.

Je pense qu'il aime les noisettes.

ocean
l'océan

This turtle swims in the ocean.

Cette tortue nage dans l'océan.

o'clock
heure

It is one o'clock.

Il est une heure.

October
octobre

The month after September is October.

Après le mois de septembre, vient le mois d'octobre.

of
de

The color of the airplane is yellow.

La couleur de l'avion est jaune.

office
le bureau

See Rooms in a House (page 86).

Voir Les pièces d'une maison (page 86).

oh
oh

Oh! What a surprise!

Oh! Quelle surprise!

old
vieux, vieille

The alligator is very old.

L'alligator est très vieux.

on
sur

The coat is on the chair.

Le manteau est sur la chaise.

71

once
une fois

Birthdays come once a year.

Les anniversaires arrivent une fois par an.

one *See Numbers and Colors (page 68).*
un *Voir Les nombres et les couleurs (page 68).*

onion
l'oignon

He is chopping an onion.

Il hache un oignon.

only
la seule

This is the only food left.

C'est la seule nourriture qui reste.

open
ouverte

The window is open.

La fenêtre est ouverte.

or
ou bien

Do you want the red one or the blue one?

Veux-tu le rouge ou bien le bleu?

orange *See Numbers and Colors (page 68).*
orange *Voir Les nombres et les couleurs (page 68).*

orange
l'orange

He is squeezing oranges.

Il presse des oranges.

ostrich
l'autruche

An ostrich can run fast.

Une autruche peut courir vite.

other
autre

What is on the
other side?

**Qu'est-ce qu'il y a
de l'autre côté?**

oven
le four

We bake cookies in
an oven.

**Nous cuisons des
biscuits au four.**

ouch
aïe

Ouch! That hurts!

Aïe! Ça fait mal!

over
au-dessus

She is holding the
umbrella over her head.

**Elle tient le
parapluie au-dessus
de la tête.**

out
dehors

He goes out.

Il va dehors.

owl
le hibou

The owl does not
sleep at night.

**Le hibou ne dort
pas la nuit.**

outdoors
en plein air

We like to play
outdoors.

**Nous aimons jouer
en plein air.**

to own
posséder

It is wonderful to own
a book.

**Il est merveilleux
de posséder un livre.**

73

P

page
la page

He is turning the page.

**Il tourne
la page.**

paint
la peinture

The baby is playing
with paint.

**Le bébé joue avec
la peinture.**

painter
le peintre

He is a painter.

Il est peintre.

pajamas
le pyjama

She is wearing pajamas
to sleep.

**Elle porte un pyjama
pour dormir.**

pan
la poêle

We cook in a pan.

**Nous cuisinons avec
une poêle.**

panda
le panda

This panda is hungry.

**Ce panda
a faim.**

pants   *See Clothing (page 24).*
le pantalon   *Voir Les vêtements
(page 24).*

paper
le papier

Write on the paper!

Ecris sur le papier!

parent
le parent

These parents have
many babies.

**Ces parents ont
beaucoup de bébés.**

park
le parc

We like to go to the park.

**Nous aimons
aller au parc.**

parrot
le perroquet

This parrot can say, "Cracker!"

Ce perroquet sait dire: "biscuit"!

part
la partie

A wheel is part of the car.

La roue fait partie de la voiture.

party
la fête

The ants are having a party.

Les fourmis font la fête.

to pat
caresser

The baby tries to pat the dog.

Le bébé essaye de caresser le chien.

paw
la patte

He wants to shake paws.

Il veut lui serrer la patte.

pea
le petit pois

He does not like to eat peas.

Il n'aime pas manger les petits pois.

peach
la pêche

Peaches grow on trees.

Les pêches poussent sur les arbres.

pen
le stylo

The pen is leaking.

Le stylo fuit.

pencil
le crayon à papier

A pencil is for drawing.

Un crayon à papier sert à dessiner.

Les gens •Ton corps

head
la tête

face
le visage

stomach
l'estomac

knee
le genou

foot
le pied

leg
la jambe

thumb
le pouce

eye
l'oeil

hair
les cheveux

arm
le bras

neck
le cou

finger
le doigt

hand
la main

76

ear
l'oreille

tooth
la dent

to see
voir

nose
le nez

to touch
toucher

mouth
la bouche

to smell
sentir

toe
l'orteil

to hear
entendre

to taste
goûter

77

penguin
le pingouin

There is a penguin in
your sink.

**Il y a un pingouin
dans votre évier.**

people
les gens

These people are
going up.

Ces gens montent.

pepper
le poivre

She is using too much
pepper.

**Elle met trop
de poivre.**

peppers
les poivrons

Peppers are good to eat.

**Les poivrons sont
bons à manger.**

perfume
le parfum

She is wearing perfume.

Elle porte du parfum.

pet
l'animal
apprivoisé

This pig is a pet.

**Ce cochon est un
animal apprivoisé.**

photograph
la photographie

Look at the photograph!

Regarde la photographie!

piano
le piano

He plays the piano
very well.

**Il joue très bien
du piano.**

to pick
ramasser

This dog likes to
pick berries.

**Ce chien aime
ramasser des baies.**

picnic
le pique-nique

They are having a picnic.

Ils font un pique-nique.

picture
l'image

This is a picture of
a rabbit.

**C'est l'image
d'un lapin.**

pie
la tarte

Who is eating the pie?

Qui mange la tarte?

pig *See Animals (page 10).*
le cochon *Voir Les animaux (page 10).*

pillow
l'oreiller

A pillow is for sleeping.

**Un oreiller sert à
dormir.**

ping-pong *See Games and Sports (page 44).*
le ping-pong *Voir Les jeux et les sports
(page 44).*

pink *See Numbers and Colors (page 68).*
rose *Voir Les nombres et les couleurs (page 68).*

pizza
la pizza

We like to eat pizza.

**Nous aimons
manger de la pizza.**

to place
placer

It is good to place
glasses on the nose.

**C'est bien de placer
les lunettes sur
le nez.**

to plan
prévoir

It helps to plan ahead.

**Cela aide de prévoir
à l'avance.**

to plant
planter

He likes to plant nuts.

**Il aime planter
des noix.**

to play
jouer

Do you want to play
with us?

**Veux-tu jouer
avec nous?**

playground
le terrain de jeux

Meet me at the playground!

Rejoins-moi sur le terrain de jeux!

playroom
la salle de jeux

See Rooms in a House (page 86).

Voir Les pièces d'une maison (page 86).

please
s'il te plaît

Please, feed me!

S'il te plaît, donne-moi à manger!

pocket
la poche

What is in his pocket?

Qu'y a-t-il dans sa poche?

point
la pointe

It has a sharp point. Ouch!

Cela a une pointe. Aïe!

to point
montrer du doigt

It is not polite to point.

Ce n'est pas poli de montrer du doigt.

police officer
l'officier de police

The police officer helps us cross the street.

L'officier de police nous aide à traverser la rue.

police station
le commissariat de police

You can get help at the police station.

Vous pouvez trouver de l'aide au commissariat de police.

polite
poli

He is so polite!

Il est tellement poli!

pond
l'étang

She fell into the pond.

Elle tombe dans l'étang.

poor
pauvre

This poor monkey does not have much money.

Ce singe pauvre n'a pas beaucoup d'argent.

porch
la véranda

See Rooms in a House (page 86).

Voir Les pièces d'une maison (page 86).

post office
le bureau de poste

Letters go to the post office.

Les lettres vont au bureau de poste.

pot
la marmite

It is time to stir the pot.

Il est temps de remuer le contenu de la marmite.

potato
la pomme de terre

These potatoes have eyes.

Ces pommes de terre ont des yeux.

to pound
taper

Use a hammer to pound a nail.

Utilise un marteau pour taper sur un clou.

present
le cadeau

Is the present for me?

Est-ce que c'est un cadeau pour moi?

pretty
joli

It is not a pretty face.

Ça n'est pas un joli visage.

prince
le prince

The prince is with his father.

Le prince est avec son père.

princess
la princesse

This princess has big feet.

Cette princesse a de grands pieds.

prize
le prix

Look who wins the prize.

**Regarde qui gagne
le prix.**

**proud
fier**

She is proud of her
new hat.

**Elle est fière de son
nouveau chapeau.**

**to pull
tirer**

We're trying to
pull him up.

**Nous essayons de
le tirer.**

**puppy
le chiot**

The puppy is wet.

Le chiot est mouillé.

**purple
violet** *See Numbers and Colors (page 68).*

*Voir Les nombres et les couleurs
(page 68).*

**purse
le sac à main**

The purse is full.

**Le sac à main
est plein.**

**to push
pousser**

He needs to push hard.

Il doit pousser fort.

**to put
mettre**

We told her not to put
her foot in her mouth.

**Nous lui avons dit
de ne pas mettre
le pied dans
la bouche.**

**puzzle
le puzzle**

Can you put the
puzzle together?

**Peux-tu
assembler le puzzle?**

quack
coin-coin

"Quack, quack, quack!"
sing the ducks.

— **Coin-coin, coin-coin,
coin-coin! chantent
les canards.**

to quarrel
se disputer

We do not like to quarrel.

**Nous n'aimons pas
nous disputer.**

quarter
le quart

A quarter of the pie
is gone.

**Un quart de la tarte
est parti.**

queen
la reine

She is queen of
the zebras.

**C'est la reine
des zèbres.**

question
la question

She has a question.

Elle a une question.

quick
rapide

A rabbit is quick; a
tortoise is slow.

**Un lapin est
rapide; une tortue
est lente.**

quiet
tranquille

Shh! Be quiet!

**Chut! Tiens-toi
tranquille!**

quilt
l'édredon

Who is under the quilt?

**Qui est sous
l'édredon?**

to quit
abandonner

The raccoon wants to
quit practicing.

**Le raton-laveur
veut abandonner
l'entraînement.**

quite
bien

It is quite cold today.

**Il fait bien froid
aujourd'hui.**

R

rabbit *See Animals (page 10).*
le lapin *Voir Les animaux (page 10).*

race
la course

Who is going to win
the race?

**Qui va gagner
la course?**

radio
la radio

They listen to the radio.

Ils écoutent la radio.

rain
la pluie

She likes the rain.

Elle aime la pluie.

rainbow
l'arc-en-ciel

She is standing in
a rainbow.

**Elle se tient sous
l'arc-en-ciel.**

raincoat *See Clothing (page 24).*
l'imperméable *Voir Les vêtements
(page 24).*

raindrop
**la goutte de
pluie**

Look at the raindrops.

**Regarde les
gouttes de pluie.**

raining
pleuvoir

He is wet because it
is raining.

**Il est mouillé
parce qu'il vient
de pleuvoir.**

to read
lire

Does he know how
to read?

Est-ce qu'il sait lire?

ready
prêt

The baby is not ready
to go.

**Le bébé n'est pas
prêt à partir.**

real
vrai

It is not a real dog.

**Ce n'est pas
un vrai chien.**

really
vraiment

She is really tall!

**Elle est vraiment
grande!**

red *See Numbers and Colors (page 68).*
rouge *Voir Les nombres et les couleurs
(page 68).*

refrigerator
le réfrigérateur

We keep our snowballs in
the refrigerator.

**Nous gardons
nos boules de
neige dans
le réfrigérateur.**

to remember
se rappeler

It is hard to remember
his phone number.

**Il est difficile de se
rappeler son numéro
de téléphone.**

restaurant
le restaurant

She is eating at
a restaurant.

**Elle mange au
restaurant.**

rice
le riz

Where is all the rice?

Où est tout le riz?

rich
riche

He is very rich.

Il est très riche.

to ride
faire du cheval

It is fun to ride
on a horse.

**C'est amusant de
faire du cheval.**

right
droit

This is your
right hand.

**C'est ta
main droite.**

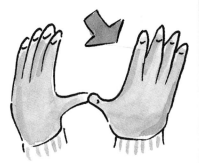

Les pièces d'une maison

attic
le grenier

deck
la terrasse

bedroom
la chambre à coucher

bathroom
la salle de bains

kitchen
la cuisine

dining room
la salle à manger

garage
le garage

playroom
la salle de jeux

closet **le placard**

bedroom **la chambre à coucher**

office **le bureau**

living room **le salon**

hall **le hall d'entrée**

porch **la véranda**

basement **le sous-sol**

laundry room **la buanderie**

R

ring
la bague

She has a new ring.

Elle a une nouvelle bague.

to ring
sonner

The telephone is going to ring soon.

Le téléphone va bientôt sonner.

river
la rivière

I am floating down the river.

Je descends la rivière en flottant.

road
la route

The road goes over the hill.

La route passe de l'autre côté de la colline.

robot
le robot

A robot is looking in my window!

Un robot regarde à travers ma fenêtre!

rock
le rocher

What is going around the rock?

Qui passe autour du rocher?

roof
le toit

There is a cow on the roof.

Il y a une vache sur le toit.

room
la pièce

The little house has little rooms.

La petite maison a de petites pièces.

rooster *See Animals (page 10).*
le coq *Voir Les animaux (page 10).*

root
la racine

The plant has deep roots.

La plante a des racines profondes.

rose
la rose

She likes roses.

Elle aime les roses.

round
rond

These things are round.

Ces choses-là sont rondes.

to rub
frotter

It is fun to rub his tummy.

C'est amusant de lui frotter le ventre.

rug
le tapis

A bug is on the rug.

Il y a un insecte sur le tapis.

to run
courir

You need feet to run!

Il faut des pieds pour courir!

running *See Games and Sports (page 44).*
la course à pied *Voir Les jeux et les sports (page 44).*

S

sad
triste

This is a sad face.

C'est un visage triste.

sailboat
le bateau à voile

See Transportation (page 108).

Voir Les transports (page 108).

salad
la salade

He is making a salad.

Il prépare une salade.

salt
le sel

She is using too much salt.

Elle met trop de sel.

same
identique

They look the same.

Ils ont l'air identiques.

sand
le sable

There is so much sand at the beach.

Il y a tellement de sable à la plage.

sandwich
le sandwich

It's a pickle sandwich! Yum!

C'est un sandwich aux condiments! Miam!

sandy
sablonneuse

The beach is sandy.

La plage est sablonneuse.

Saturday
le samedi

On Saturday, we work together.

Le samedi, nous travaillons ensemble.

sausage
la saucisse

This dog likes sausages.

Ce chien aime les saucisses.

saw
la scie

A saw is for cutting.

**Une scie sert
à couper.**

to say
dire

She wants to say hello.

**Elle veut dire
bonjour.**

scarf *See Clothing (page 24).*
l'écharpe *Voir Les vêtements (page 24).*

school
l'école

He can learn in school.

**Il peut apprendre
à l'école.**

scissors
les ciseaux

Look what he is cutting
with the scissors!

**Regarde ce qu'il
découpe avec
les ciseaux!**

to scrub
récurer

He wants to scrub
the tub.

**Il veut récurer
la baignoire.**

sea
la mer

Whales live in the sea.

**Les baleines vivent
dans la mer.**

seat
le siège

The seat is too high.

**Le siège est
trop haut.**

secret
le secret

She is telling a secret.

Elle lui dit un secret.

to see *See People (page 76).*
voir *Voir Les gens (page 76).*

seed
la graine

When you plant a seed, it grows.

Quand tu plantes une graine, elle pousse.

to sell
vendre

He has many balloons to sell.

Il a beaucoup de ballons à vendre.

to send
envoyer

Mom has to send a letter in the mail.

Maman doit envoyer une lettre à la poste.

September
septembre

The month after August is September.

Après le mois d'août, vient le mois de septembre.

seven *See Numbers and Colors (page 68).*
sept *Voir Les nombres et les couleurs (page 68).*

seventeen *See Numbers and Colors (page 68).*
dix-sept *Voir Les nombres et les couleurs (page 68).*

seventy *See Numbers and Colors (page 68).*
soixante-dix *Voir Les nombres et les couleurs (page 68).*

shark
le requin

A shark has many teeth.

Un requin a beaucoup de dents.

shawl *See Clothing (page 24).*
le châle *Voir Les vêtements (page 24).*

she
elle

She is hiding.

Elle se cache.

sheep *See Animals (page 10).*
le mouton *Voir Les animaux (page 10).*

shirt *See Clothing (page 24).*
la chemise *Voir Les vêtements (page 24).*

shoes *See Clothing (page 24).*
les chaussures *Voir Les vêtements (page 24).*

to shop
faire des achats

He likes to shop.

Il aime faire des achats.

short
petit
He is too short.

Il est trop petit.

to shout
crier
They have to shout.

Ils doivent crier.

shovel
la pelle
She needs a bigger shovel.

Elle a besoin d'une plus grosse pelle.

show
le spectacle
They are in a show.

Ils se produisent dans un spectacle.

to show
montrer
Open wide to show your new tooth!

Ouvre grand pour montrer ta nouvelle dent!

shy
timide
He is very shy.

Il est très timide.

sick
malade
The poor rhinoceros is sick!

Le pauvre rhinocéros est malade!

side
le côté
The tree is on the side of the house.

L'arbre est sur le côté de la maison.

sidewalk
le trottoir
They are playing on the sidewalk.

Ils jouent sur le trottoir.

sign
l'enseigne
This is the bakery's sign.

C'est l'enseigne de la boulangerie.

93

silly
idiot

He has a silly smile.

Il a un sourire idiot.

to sing
chanter

She loves to sing.

Elle aime chanter.

sister
la soeur

They are sisters.

Elles sont soeurs.

to sit
s'asseoir

They want to sit.

Ils veulent s'asseoir.

six *See Numbers and Colors (page 68).*
six *Voir Les nombres et les couleurs (page 68).*

sixteen *See Numbers and Colors (page 68).*
seize *Voir Les nombres et les couleurs (page 68).*

sixty *See Numbers and Colors (page 68).*
soixante *Voir Les nombres et les couleurs (page 68).*

skateboard *See Transportation (page 108).*
la planche à roulettes
Voir Les transports (page 108).

skates *See Transportation (page 108).*
les patins à roulettes
Voir Les transports (page 108).

skating (ice) *See Games and Sports (page 44).*
patinage *Voir Les jeux et les sports (page 44).*

skiing *See Games and Sports (page 44).*
le ski *Voir Les jeux et les sports (page 44).*

skirt *See Clothing (page 24).*
la jupe *Voir Les vêtements (page 24).*

sky
le ciel

The sky is full of stars.

Le ciel est plein d'étoiles.

to sleep
dormir

He is ready to sleep.

Il est prêt à dormir.

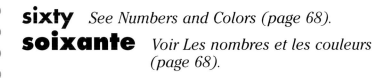

slow
lente

A rabbit is quick; a tortoise is slow.

Un lapin est rapide; une tortue est lente.

small
petite

An ant is small.

Une fourmi est petite.

to smell
sentir

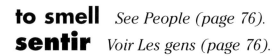

See People (page 76).
Voir Les gens (page 76).

smile
le sourire

What a big smile!

Quel grand sourire!

smoke
la fumée

Watch out for the smoke.

Fais attention à la fumée.

snail
l'escargot

He has a snail on his nose.

Il a un escargot sur le nez.

snake   *See Animals (page 10).*
le serpent   *Voir Les animaux (page 10).*

sneakers   *See Clothing (page 24).*
les chaussures de sport
Voir Les vêtements (page 24).

to snore
ronfler

Try not to snore.

Essaye de ne pas ronfler.

snow
la neige

Snow is white and cold.

La neige est blanche et froide.

snowball
la boule de neige

He is throwing snowballs.

Il jette des boules de neige.

so
tellement

She is so tall!

Elle est tellement grande!

soap
le savon

He is using soap to wash.

Il utilise du savon pour se laver.

soccer *See Games and Sports (page 44).*
le football *Voir Les jeux et les sports (page 44).*

socks *See Clothing (page 24).*
les chaussettes *Voir Les vêtements (page 24).*

sofa
le canapé

The zebras are sitting on the sofa.

Les zèbres sont assis sur le canapé.

some
quelques

Some of them are pink.

Quelques-unes sont roses.

someday
un jour

Dad says I can drive... someday.

Papa dit que je peux conduire... un jour.

someone
quelqu'un

Someone is behind the fence.

Il y a quelqu'un derrière la barrière.

something
quelque chose

Something is under the rug.

Il y a quelque chose sous le tapis.

song
la chanson

A song is for singing.

Une chanson est pour chanter.

soon
bientôt

Soon it is going to be noon.

Bientôt il va être midi.

sorry
désolé

She is sorry she dropped it.

Elle est désolée de l'avoir laissé tomber.

soup
la soupe

The soup is hot!

La soupe est chaude!

south
le sud

It is warm in the south.

Il fait chaud dans le sud.

special
spécial

This is a special car.

C'est une voiture spéciale.

spider
l'araignée

This spider is friendly.

L'araignée est amicale.

spoon
la cuillère

A spoon can't run; can it?

Une cuillère ne peut pas courir, n'est-ce-pas?

spring
le printemps

Flowers grow in spring.

Les fleurs poussent au printemps.

square
le carré

A square has four sides.

Un carré a quatre côtés.

squirrel
l'écureuil

There is a squirrel on that hat.

Il y a un écureuil sur ce chapeau.

stamp
le timbre

A stamp goes on a letter.

Un timbre se colle sur une lettre.

**to stand
être debout**

She does not like
to stand.

**Elle n'aime pas
être debout.**

**star
l'étoile**

That star is winking.

L'étoile cligne de l'oeil.

**to start
commencer**

They want to start
with *A*.

**Ils veulent
commencer par
le *A*.**

**to stay
rester**

He has to stay inside.

**Il doit rester
à l'intérieur.**

**to step
marcher**

Try not to step in the
puddle.

**Essaye de ne pas
marcher dans
la flaque.**

**stick
le bâton**

The dog wants the stick.

**Le chien veut
le bâton.**

**sticky
collant**

That candy is sticky.

**Ce bonbon est
collant.**

**still
toujours**

The phone still is
not ringing.

**Le téléphone ne
sonne toujours pas.**

stomach   *See People (page 76).*
l'estomac   *Voir Les gens (page 76).*

**to stop
arrêter**

You have to stop for
a red light.

**Tu dois t'arrêter
au feu rouge.**

**store
le magasin**

She buys books at
the store.

**Elle achète des
livres au magasin.**

storm
la tempête

She does not like
the storm.

**Elle n'aime pas
la tempête.**

story
l'histoire

We all know this story.

**Nous connaissons
tous cette histoire.**

strange
étrange

This is a strange animal.

**C'est un animal
étrange.**

strawberry
la fraise

This strawberry is big.

**C'est une grosse
fraise.**

street
la rue

There is an elephant
in the street.

**Il y a un éléphant
dans la rue.**

student
l'étudiant

The students are
all fish.

**Les étudiants sont
tous des poissons.**

subway *See Transportation (page 108).*
le métro *Voir Les transports (page 108).*

suddenly
soudain

Suddenly, it is raining.

Soudain, il pleut.

suit
le costume

Something is spilling
on his suit.

**Quelque chose
coule sur son
costume.**

suitcase
la valise

What is in that suitcase?

**Qu'y a-t-il dans
cette valise?**

summer
l'été

It is warm in summer.

Il fait chaud en été.

sun
le soleil

The sun is hot.

Le soleil est chaud.

Sunday
le dimanche

On Sunday, we eat dinner with Grandma.

Le dimanche, nous dînons avec grand-mère.

sunflower
le tournesol

The sunflower is big and yellow.

Le tournesol est grand et jaune.

sunny
ensoleillé

She loves sunny days.

Elle aime les journées ensoleillées.

sure
sûr

I am sure the door is not going to open.

Je suis sûre que la porte ne va pas s'ouvrir.

surprised
surprise

She is surprised.

Elle est surprise.

sweater *See Clothing (page 24).*
le tricot *Voir Les vêtements (page 24).*

to swim
nager

The fish likes to swim.

Le poisson aime nager.

swimming *See Games and Sports (page 44).*
la natation *Voir Les jeux et les sports (page 44).*

table
la table

There is a chicken
on the table.

**Il y a un poulet
sur la table.**

tambourine
le tambourin

Shake that
tambourine.

**Secoue ce
tambourin.**

tail
la queue

He has a long tail.

**Il a une longue
queue.**

tan *See Numbers and Colors (page 68).*
sable *Voir Les nombres et les couleurs (page 68).*

to taste *See People (page 76).*
goûter *Voir Les gens (page 76).*

to take
prendre

He is going to take
the suitcase with him.

**Il va prendre la
valise avec lui.**

taxi *See Transportation (page 108).*
le taxi *Voir Les transports (page 108).*

teacher
la maîtresse

Our teacher helps
us to learn.

**Notre maîtresse
nous aide
à apprendre.**

to talk
parler

They like to talk
on the phone.

**Ils aiment parler
au téléphone.**

tall
grand

The red one is
very tall.

**Le rouge est
très grand.**

tear
la larme

There is a tear on
her cheek.

**Il a une larme
sur la joue.**

telephone
le téléphone

People can call you
on the telephone.

**Les gens peuvent
vous appeler
au téléphone.**

television
la télévision

My goldfish likes to
watch television.

**Mon poisson rouge
aime regarder
la télévision.**

to tell
dire

Mom has to tell her
the word.

**Maman doit lui
dire le mot.**

ten   *See Numbers and Colors (page 68).*
dix   *Voir Les nombres et les couleurs (page 68).*

tennis   *See Games and Sports (page 44).*
le tennis   *Voir Les jeux et les sports (page 44).*

tent
la tente

What is inside the tent?

**Qu'y a-t-il à
l'intérieur de
la tente?**

termite   *See Insects (page 52).*
la termite   *Voir Les insectes (page 52).*

terrible
terrible

What a terrible mess!

**Quel terrible
désordre!**

to thank
remercier

He wants to thank
the firefighter.

**Il veut remercier
le pompier.**

that
ça

What is that?

**Qu'est-ce que
c'est que ça?**

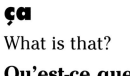

the
le, la, les

The apple, the banana, and the pears are running away.

La pomme, la banane et les poires se sauvent.

their
leurs

They are pointing to their suitcases.

Ils montrent leurs valises.

them
leur

The shoes belong to them.

Les chaussures leur appartiennent.

then
puis

Get into bed. Then sleep.

Va au lit. Et puis dors.

there
là

There she is!

Elle est là!

these
ces

No one wants these eggs.

Personne ne veut ces oeufs.

they
elles, ils

See the mice? They are dancing.

Tu vois les souris? Elles dansent.

thin
mince

One clown is thin.

Un clown est mince.

thing
la chose

What is this thing?

Quelle est cette chose?

to think
penser

We use our brain to think.

Nous nous servons de notre cerveau pour penser.

thirsty
avoir soif

He is thirsty.

Il a soif.

thirteen *See Numbers and Colors (page 68).*
treize *Voir Les nombres et les couleurs (page 68).*

thirty *See Numbers and Colors (page 68).*
trente *Voir Les nombres et les couleurs (page 68).*

this
ce

This baby is sad.

Ce bébé est triste.

those
ces

Those babies are happy.

Ces bébés sont heureux.

thousand *See Numbers and Colors (page 68).*
mille *Voir Les nombres et les couleurs (page 68).*

three *See Numbers and Colors (page 68).*
trois *Voir Les nombres et les couleurs (page 68).*

through
à travers

The ball is coming through the window.

Le ballon passe à travers la fenêtre.

to throw
lancer

We like to throw the ball.

Nous aimons lancer la balle.

thumb *See People (page 76).*
le pouce *Voir Les gens (page 76).*

thunder
le tonnerre

Thunder is loud.

Le tonnerre est bruyant.

Thursday
le jeudi

On Thursday, we wash clothes.

Le jeudi, nous faisons la lessive.

tie *See Clothing (page 24).*
la cravate *Voir Les vêtements (page 24).*

to tie
attacher

Is he going to tie his shoelaces?

Est-ce qu'il va attacher ses lacets?

tiger
le tigre

This is a tiger.

C'est un tigre.

time
le temps

It is time to wash the dishes.

Il est temps de faire la vaisselle.

tire
le pneu

One tire is flat.

Le pneu est à plat.

tired
fatigué

She is tired.

Elle est fatiguée.

to
à

He is going to school.

Il va à l'école.

today
aujourd'hui

Today is her birthday.

Aujourd'hui, c'est son anniversaire.

toe *See People (page 76).*
l'orteil *Voir Les gens (page 76).*

**together
ensemble**

They are sitting
together.

**Ils sont assis
ensemble.**

**too
aussi**

The baby is
singing, too.

**Le bébé chante
aussi.**

tooth *See People (page 76).*
la dent *Voir Les gens (page 76).*

**tomato
la tomate**

Mmm! It is a big,
juicy tomato.

**Miam-miam!
C'est une grosse
tomate bien juteuse.**

**toothbrush
la brosse
à dents**

My toothbrush is red.

**Ma brosse à dents
est rouge.**

**tomorrow
demain**

Tomorrow is
another day.

**Demain est un
autre jour.**

**top
le sommet**

The bird is on top.

**L'oiseau est au
sommet.**

to touch *See People (page 76).*
toucher *Voir Les gens (page 76).*

**tonight
ce soir**

He is sleepy tonight.

**Ce soir, il
est fatigué.**

**towel
la serviette**

He needs a towel.

**Il a besoin d'une
serviette.**

town
la ville

The ant lives in a town.

La fourmi habite dans une ville.

tree
l'arbre

There is a cow in that tree.

Il y a une vache dans cet arbre.

toy
le jouet

He has all kinds of toys.

Il a toutes sortes de jouets.

triangle
le triangle

A triangle has three sides.

Un triangle a trois côtés.

track
la trace

That is a rabbit track.

C'est la trace d'un lapin.

to trick
faire des tours

Her job is to trick us.

Son travail est de faire des tours.

train *See Transportation (page 108).*
le train *Voir Les transports (page 108).*

trip
le voyage

She is going on a trip.

Elle part en voyage.

treat
la récompense

A bone is a treat.

Un os est une récompense.

to trip
trébucher

It is not fun to trip.

Ce n'est pas drôle de trébucher.

Les transports

airplane
l'avion

train
le train

van
la camionnette

skateboard
la planche à roulettes

bicycle
la bicyclette

skates
les patins à roulettes

helicopter
l'hélicoptère

sailboat
le bateau à voile

boat
le bateau

car
la voiture

truck
le camion

subway
le métro

horse
le cheval

taxi
le taxi

bus
l'autobus

109

truck *See Transportation (page 108).*
le camion *Voir Les transports (page 108).*

trumpet
la trompette

This is a trumpet.

C'est une trompette.

to try
essayer

He wants to try to climb it.

Il veut essayer de grimper.

Tuesday
le mardi

On Tuesday we wash the floors.

Le mardi, nous lavons les sols.

tulip
la tulipe

There is a tulip on his head.

Il a une tulipe sur la tête.

to turn
tourner

You have to turn it.

Vous devez le tourner.

turtle
la tortue

That is a fast turtle!

C'est une tortue rapide!

twelve *See Numbers and Colors (page 68).*
douze *Voir Les nombres et les couleurs (page 68).*

twenty *See Numbers and Colors (page 68).*
vingt *Voir Les nombres et les couleurs (page 68).*

twins
les jumeaux

They are twins.

Ils sont jumeaux.

two *See Numbers and Colors (page 68).*
deux *Voir Les nombres et les couleurs (page 68).*

ugly
laid

Do you think the toad is ugly?

Pensez-vous que le crapaud est laid?

umbrella
le parapluie

She has a yellow umbrella.

Elle a un parapluie jaune.

uncle
l'oncle

My uncle is my dad's brother.

Mon oncle est le frère de mon papa.

under
sous

There is something under the bed.

Il y a quelque chose sous le lit.

until
jusqu'à

He eats until he is full.

Il mange jusqu'à ce qu'il soit rassasié.

up
là-haut

It's scary up here!

Ça fait peur là-haut!

upon
sur

The box is upon the box, upon the box.

La boîte est sur la boîte qui est sur la boîte.

upside-down
à l'envers

He is upside-down.

Il est à l'envers.

us
nous

Come with us!

Viens avec nous!

to use
utiliser

He needs to use a comb.

Il a besoin d'utiliser un peigne.

vacation
les vacances

They are on vacation.

Ils sont en vacances.

vacuum cleaner
l'aspirateur

Here comes the vacuum cleaner!

Et voilà l'aspirateur!

van *See Transportation (page 108).*
la camionnette *Voir Les transports (page 108).*

vegetable
le légume

He likes vegetables.

Il aime les légumes.

very
très

It is very cold in there.

Il fait très froid ici.

vest *See Clothing (page 24).*
le gilet *Voir Les vêtements (page 24).*

veterinarian
le vétérinaire

A veterinarian helps animals.

Un vétérinaire aide les animaux.

village
le village

What a pretty village!

Quel joli village!

violin
le violon

He is playing the violin.

Il joue du violon.

to visit
rendre visite à

He is going to visit Grandma.

Il va rendre visite à grand-mère.

volcano
le volcan

Don't go near the volcano!

Ne t'approche pas du volcan!

to wait
attendre

He has to wait for a bus.

Il doit attendre l'autobus.

to wake up
se réveiller

He is about to wake up.

Il est sur le point de se réveiller.

to walk
marcher

It is good to walk.

Cela fait du bien de marcher.

wall
le mur

John is building a wall.

Jean construit un mur.

to want
vouloir

She is going to want help.

Elle va vouloir de l'aide.

warm
chaud

It is warm by the fire.

Il fait chaud près du feu.

to wash
laver

It takes a long time to wash some things.

Cela prend beaucoup de temps de laver certaines choses.

wasp   *See Insects (page 52).*
la guêpe   *Voir Les insectes (page 52).*

watch
la montre

Robert is wearing his new watch.

Robert porte sa nouvelle montre.

to watch
regarder

Peter likes to watch ants.

Pierre aime regarder les fourmis.

water
l'eau

The pool is full of water.

La piscine est pleine d'eau.

we
nous

See us? We are all purple.

Nous voyez-vous? Nous sommes complètement violets.

weather
le temps

What is the weather like today?

Quel temps fait-il aujourd'hui?

Wednesday
le mercredi

On Wednesday, we go to work.

Le mercredi, nous allons au travail.

week
la semaine

Seven days make a week.

Il y a sept jours dans une semaine.

welcome
bienvenu

We are always welcome at Grandma's house.

Nous sommes toujours bienvenus chez grand-mère.

well
bien

Thomas builds very well.

Thomas construit très bien.

well
bien

She is not well.

Elle n'est pas bien.

west
l'ouest

The sun goes down in the west.

Le soleil se couche à l'ouest.

wet
mouillé

William is wet.

Guillaume est mouillé.

what
que

What is outside
the window?

**Qu'y a-t-il de l'autre
côté de la fenêtre?**

wheel
la roue

The bicycle needs
a new wheel.

**La bicyclette a
besoin d'une
nouvelle roue.**

when
quand

When you sleep, you
close your eyes.

**Quand tu dors
tu fermes
les yeux.**

where
où

This is where he
keeps his dinner.

**C'est l'endroit où il
garde son dîner.**

which
laquelle,
lequel

Which one do
you want?

Laquelle veux-tu?

while
pendant que

I run while he sleeps.

**Je cours pendant
qu'il dort.**

whiskers
les moustaches

This animal has
long whiskers.

**Cet animal a de
longues moustaches.**

to whisper
murmurer

This animal needs
to whisper.

**Cet animal a besoin
de murmurer.**

whistle
le sifflet

They can hear
the whistle.

**Ils peuvent
entendre le sifflet.**

white *See Numbers and Colors (page 68).*
blanc *Voir Les nombres et les couleurs (page 68).*

who
qui

Who are you?

Qui es-tu?

whole
entier

Can she eat the whole thing?

Est-ce qu'elle peut manger cette chose en entier?

why
pourquoi

Why is the baby crying?

Pourquoi le bébé pleure-t-il?

wife
la femme

She is his wife.

C'est sa femme.

wind
le vent

The wind is blowing.

Le vent souffle.

window
la fenêtre

I can see through the window.

Je peux voir à travers la fenêtre.

to wink
faire un clin d'oeil

It is fun to wink.

C'est amusant de faire un clin d'oeil.

winter
l'hiver

He skis in the winter.

Il fait du ski en hiver.

wish
le souhait

The girl has a wish.

La fille a un souhait.

with
avec

The cat is dancing with the dog.

Le chat danse avec le chien.

without
sans

He is going without his sister.

Il part sans sa soeur.

woman
la dame

My grandma is a
nice woman.

**Ma grand-mère est
une gentille dame.**

to work
travailler

She has to work
hard today.

**Elle doit travailler
dur aujourd'hui.**

wonderful
merveilleux

They are wonderful
dancers.

**Ce sont de
merveilleux
danseurs.**

world
le monde

The world is beautiful.

Le monde est beau.

worried
inquiet

He looks worried.

Il semble inquiet.

woods
le bois

Someone is walking
in the woods.

**Quelqu'un marche
dans le bois.**

to write
écrire

Katherine is trying to
write with the pencil.

**Catherine essaye
d'écrire avec
le crayon.**

word
le mot

Do not say a word.

Ne dis pas un mot.

work
le travail

That is hard work.

C'est un dur travail.

wrong
mauvais

They are putting on
the wrong hats.

**Ils mettent le
mauvais chapeau.**

117

X-ray
la radiographie

The X-ray shows his bones.

La radiographie montre ses os.

xylophone
le xylophone

He is a great xylophone player.

C'est un bon joueur de xylophone.

yard
le jardin

There is a dinosaur in our yard.

Il y a un dinosaure dans notre jardin.

yawn
le bâillement

What a big yawn!

Quel gros bâillement!

year
l'année

He runs all year.

Il court toute l'année.

yellow
jaune

See Numbers and Colors (page 68).

Voir Les nombres et les couleurs (page 68).

yes
oui

Is he yellow? Yes! He is.

Est-ce qu'il est jaune? Oui, il est jaune!

yesterday
hier

Yesterday is the day before today.

Hier est le jour avant aujourd'hui.

you
tu

You are reading this book.

Tu lis ce livre.

your
tes

What color are your eyes?

De quelle couleur sont tes yeux?

118

zebra
le zèbre

You cannot have a
pet zebra!

**Tu ne peux pas
avoir un zèbre
comme animal
domestique!**

zero *See Numbers and Colors (page 68).*
zéro *Voir Les nombres et les couleurs (page 68).*

zigzag
le zigzag

The house has zigzags
on it.

**Il y a des zigzags
sur la maison.**

to zip
fermer la
fermeture éclair

The bee wants to zip
her jacket.

**L'abeille veut
fermer sa
fermeture éclair.**

zipper
la fermeture
éclair

The zipper is stuck.

**La fermeture éclair
est coincée.**

zoo
zoo

I can see many animals
at the zoo.

**Je peux voir
beaucoup d'animaux
au zoo.**

to zoom
monter
en trombe

A rocket seems to
zoom into space.

**La fusée semble
monter en trombe
dans l'espace.**

A Family Dinner
Un dîner en famille

Dinner is ready!
It's time to eat.
Le dîner est prêt!
C'est l'heure de manger.

The chicken and vegetables
look delicious.
Le poulet et les légumes
ont l'air délicieux!

Here is your napkin.
Voilà ta serviette.

Mmmm! They *are* delicious!
Miam-miam!
Ils *sont* délicieux!

Please pass the salt
and pepper.
S'il te plaît, peux-tu
me passer le sel
et le poivre?

Dinner is great.
Thanks, Mom.
Le dîner est excellent.
Merci, Maman.

You're welcome, dear.
Merci, ma chérie.

Do you want
more milk?
Veux-tu un peu
plus de lait?

No, thank you.
Non merci.

May I please be excused?
S'il te plaît, puis-je sortir
de table?

In a few minutes!
But please help us clear
the table first.
Dans un moment!
Mais d'abord aide-nous
à débarrasser la table,
s'il te plaît.

Of course.
Bien sûr.

Meeting and Greeting
Rencontre et salutations

Hello!
Bonjour!

Hi!
Salut!

How are you?
Comment ça va?

I am fine, thank you.
Bien, merci.

What is your name?
Comment t'appelles-tu?

My name is Maria.
What is your name?
**Je m'appelle Maria.
Comment t'appelles-tu?**

My name is Susan.
Je m'appelle Suzanne.

What a beautiful day!
Quelle belle journée!

Do you live near the park?
Est-ce que tu habites près du parc?

Yes, I live across the street.
Oui, j'habite de l'autre côté de la rue.

Where do you live?
Où est-ce que tu habites?

I live on Main Street.
J'habite la Grand-Rue.

Do you know what time it is?
Est-ce que tu sais l'heure qu'il est?

It is three o'clock.
Il est trois heures juste.

Oh, I have to go now.
Oh, je dois partir maintenant.

It was nice to meet you.
Je suis ravie de t'avoir rencontrée.

Good-bye!
Au revoir!

See you soon.
A bientôt.

Word List

A

à, at, 12
à, to, 105
à côté, by, 20
à l'envers, upside-down, 111
à l'intérieur, inside, 51
à la maison, home, 49
à travers, through, 104
abandonner, to quit, 83
abeille (l'), bee, 52
aboyer, to bark, 14
acclamer, to cheer, 23
acheter, to buy, 20
additionner, to add, 7
aéroport (l'), airport, 8
aide, help, 48
aïe, ouch, 73
aimer, to like, 59
aimer, to love, 60
air (l'), air, 7
aller, to go, 42
alligator (l'), alligator, 10
amener, to bring, 19
ami (l'), friend, 40
amour (l'), love, 60
âne (l'), donkey, 32
animal apprivoisé (l'), pet, 78
année (l'), year, 118
anniversaire (l'), birthday, 17
août, August, 12
appareil photo (l'), camera, 21
appartement (l'), apartment, 9
applaudir, to clap, 26
après, after, 7
araignée (l'), spider, 97
arbre (l'), tree, 107
arc-en-ciel (l'), rainbow, 84
argent (l'), money, 64
arrêter, to stop, 98
art (l'), art, 9
aspirateur (l'), vacuum cleaner, 112
assez, enough, 35
attacher, to tie, 105
attendre, to wait, 113
attraper, to catch, 23
attraper, to get, 41
au revoir, good-bye, 42
au-dessus, over, 73
aujourd'hui, today, 105
aussi, as, 9
aussi, too, 106

autobus, (l') bus, 108
automne (l'), fall, 36
autour, around, 9
autre, other, 73
autruche (l'), ostrich, 72
avant, before, 15
avec, with, 116
aventure (l'), adventure, 7
avion (l'), airplane, 108
avoir, to have, 47
avoir faim, hungry, 50
avoir soif, thirsty, 104
avril, April, 9

B

bague (la), ring, 88
baie (la), berry, 16
bâillement (le), yawn, 118
bain (le), bath, 14
baiser (le), kiss, 55
balai (le), broom, 19
balle (la), ball, 13
ballon (le), balloon, 13
banane (la), banana, 13
barrière (la), fence, 37
bas, low, 60
base-ball (le), baseball, 44
basket-ball (le), basketball, 44
bateau (le), boat, 108
bateau à voile (le), sailboat, 108
bâton (le), stick, 98
batte (la), bat, 14
beaucoup, lots, 60
beaucoup, many, 61
beaucoup, much, 65
bébé (le), baby, 13
belle, beau, beautiful, 15
beurre (le), butter, 20
bibliothèque (la), library, 58
bicyclette (la), bicycle, 108
bien, quite, 83
bien, well, 114
bientôt, soon, 96
bienvenu, welcome, 114
biscuit (le), cookie, 28
blanc, white, 68
bleu, blue, 68
boire, to drink, 33
bois (le), woods, 117
boîte (la), box, 18
boîte aux lettres (la), mailbox, 61

boîte de conserve, (la) can, 21
bol (le), bowl, 18
bonbons (les), candy, 21
bondé, crowded, 29
bonjour, hello, 48
bosse (la), bump, 19
bottes (les), boots, 24
bouche (la), mouth, 76
bougie (la), candle, 21
boulangerie (la), bakery, 13
boule de neige (la), snowball, 95
bouteille (la), bottle, 18
bouton (le), button, 20
bowling (le), bowling, 44
branche (la), branch, 18
bras (le), arm, 76
bric-à-brac (le), junk, 54
brosse à cheveux (la), brush, 19
brosse à dents (la), toothbrush, 106
brouillard (le), fog, 39
bruit (le), noise, 67
bruyant, noisy, 67
bruyante, loud, 60
buanderie (la), laundry room, 86
buisson (le), bush, 20
bulle (la), bubble, 19
bureau (le), desk, 31
bureau (le), office, 86
bureau de poste (le), post office, 81

C

ça, that, 102
cache-oreilles (le), earmuffs, 24
cadeau (le), present, 81
cage (la), cage, 21
camion (le), truck, 108
camionnette (la), van, 108
campagne (la), country, 29
canapé (le), sofa, 96
canard (le), duck, 10
caresser, to pat, 75
carotte (la), carrot, 22
carré (le), square, 97
carte (la), card, 22
carte (la), map, 61
casquette (la), cap, 24
casser, to break, 18

castagnettes (les), castanets, 22
ce, this, 104
ce soir, tonight, 106
ceinture (la), belt, 24
célébrer, to celebrate, 23
cent, hundred, 68
cercle (le), circle, 26
cerf (le), deer, 31
cerf-volant (le), kite, 56
cerise (la), cherry, 26
ces, these, 103
ces, those, 104
chaise (la), chair, 23
châle (le), shawl, 24
chambre à coucher (la), bedroom, 86
chameau (le), camel, 21
changer, to change, 23
chanson (la), song, 96
chanter, to sing, 94
chapeau (le), hat, 24
chaque, each, 34
charmant, nice, 67
charpentier (le), carpenter, 22
chat (le), cat, 22
château (le), castle, 22
chaton (le), kitten, 56
chaud, hot, 49
chaud, warm, 113
chaussettes (les), socks, 24
chaussures (les), shoes, 24
chaussures de sport (les), sneakers, 24
chauve-souris (la), bat, 14
chemise (la), shirt, 24
chemisier (le), blouse, 24
chenille (la), caterpillar, 52
cheval (le), horse, 10
cheveux (les), hair, 76
chèvre (la), goat, 10
chien (le), dog, 32
chiffre (le), number, 70
chiot (le), puppy, 82
chocolat (le), chocolate, 26
chose (la), thing, 103
ciel (le), sky, 94
cinq, five, 68
cinquante, fifty, 68
cirque (le), circus, 26
ciseaux (les), scissors, 91
citron (le), lemon, 58
classe (la), class, 26
clef (la), key, 55
clochette (la), bell, 16

H

habiter, to live, 59
hall d'entrée (le), hall, 86
hamac (le), hammock, 47
haricots (les), beans, 15
harpe (la), harp, 47
haut, high, 48
hélicoptère (l'), helicopter, 108
herbe (l'), grass, 43
heure (l'), hour, 50
heure, o'clock, 71
heureux, happy, 47
hibou (le), owl, 73
hier, yesterday, 118
hippopotame (l'), hippopotamus, 10
histoire (l'), story, 99
hiver (l'), winter, 116
homme (l'), man, 61
hôpital (l'), hospital, 49
hôtel (l'), hotel, 49
hourra, hooray, 49
huit, eight, 68

I

ici, here, 48
idée (l'), idea, 51
identique, same, 90
idiot, silly, 94
il, he, 47
île (l'), island, 51
image (l'), picture, 79
imperméable (l'), raincoat, 24
important, important, 51
infirmière (l'), nurse, 70
inquiet, worried, 117
insecte (l'), bug, 19

J

jaguar (le), jaguar, 10
jamais, never, 66
jambe (la), leg, 76
janvier, January, 54
jardin (le), garden, 41
jardin (le), yard, 118
jaune, yellow, 68
je, I, 51
jeu (le), game, 41
jeudi (le), Thursday, 105
jeux de cricket (le), cricket, 44
joli, pretty, 81
jouer, to play, 79
jouet (le), toy, 107
jour (le), day, 30
journal (le), newspaper, 66

juillet, July, 54
juin, June, 54
jumeaux (les), twins, 110
jupe (la), skirt, 24
jus (le), juice, 54
jusqu'à, until, 111

K

kangourou (le), kangaroo, 10

L

là, there, 103
là-haut, up, 111
lac (le), lake, 57
laid, ugly, 111
laisser, to let, 58
laisser tomber, to drop, 33
lait (le), milk, 63
lama (le), llama, 10
lampe (la), lamp, 57
lancer, to throw, 104
lapin (le), rabbit, 10
laquelle, lequel, which, 115
larme (la), tear, 101
laver, to wash, 113
le, la, les, the, 103
le long, along, 8
lécher, to lick, 58
légume (le), vegetable, 112
lente, slow, 95
léopard (le), leopard, 58
lettre (la), letter, 58
leur, them, 103
leurs, their, 103
librairie (la), bookstore, 17
ligne (la), line, 59
lion (le), lion, 10
lire, to read, 84
lit (le), bed, 15
livre (le), book, 17
loin, far, 36
lointain, faraway, 36
long, long, 60
luciole (la), firefly, 52
lumière (la), light, 59
lundi (le), Monday, 64
lune (la), moon, 64
lunettes (les), glasses, 42

M

M., Mr., 65
magasin (le), store, 98
mai, May, 62
main (la), hand, 76
maintenant, now, 70
maire (le), mayor, 62
mais, but, 20

maison (la), house, 50
maîtresse (la), teacher, 101
malade, sick, 93
maman (la), mom, 64
manger, to eat, 34
mangue (la), mango, 61
manquer, to miss, 63
mante (la), mantis, 52
manteau (le), coat, 24
maraca (la), maraca, 62
marcher, to step, 98
marcher, to walk, 113
mardi (le), Tuesday, 110
mari (le), husband, 50
marmite (la), pot, 81
marron, brown, 68
mars, March, 62
marteau (le), hammer, 47
mathématiques (les), math, 62
matin (le), morning, 64
mauvais, wrong, 117
méchant, bad, 13
médicament (le), medicine, 62
mélanger, to mix, 63
mer (la), sea, 91
mercredi (le), Wednesday, 114
mère (la), mother, 65
merveilleux, wonderful, 117
message (le), note, 70
métro (le), subway, 108
mettre, to put, 82
miaou, meow, 63
midi, noon, 67
mieux, best, 16
mieux que, better, 16
mignon, cute, 29
mille, thousand, 68
mince, thin, 103
minute (la), minute, 63
miroir (le), mirror, 63
Mme, Mrs., 65
moi, me, 62
mois (le), month, 64
moitié (la), half, 47
mon, my, 65
monde (le), world, 117
montagne (la), mountain, 65
monter en trombe, to zoom, 119
montre (la), watch, 113
montrer, to show, 93
montrer du doigt, to point, 80
mot (le), word, 117
motocyclette (la), motorcycle, 108
mouche (la) fly, 52
moufles (les), mittens, 24
mouillé, wet, 114

moustaches (les), whiskers, 115
moustique (le), mosquito, 52
mouton (le), sheep, 10
mur (le), wall, 113
murmurer, to whisper, 115
musique (la), music, 65

N

nager, to swim, 100
natation (la), swimming, 44
ne . . . pas, not, 70
neige (la), snow, 95
nettoyer, to clean, 27
neuf, nine, 68
nez (le), nose, 76
nid (le), nest, 66
noir, black, 68
noisette (la), nut, 70
nom (le), name, 66
non, no, 67
nord (le), north, 70
nourriture (la), food, 39
nous, us, 111
nous, we, 114
nouveau, nouvelle, new, 66
novembre, November, 70
nuage (le), cloud, 27
nuit (la), night, 67

O

occupé, busy, 20
océan (l'), ocean, 71
octobre, October, 71
oeil (l'), eye, 76
oeuf (l'), egg, 34
officier de police (l'), police officer, 80
oh, oh, 71
oie (l'), goose, 42
oignon (l'), onion, 72
oiseau (l'), bird, 17
oncle (l'), uncle, 111
onze, eleven, 68
orange (l'), orange, 72
orange, orange, 68
orchestre (l'), band, 13
ordinateur (l'), computer, 28
oreille (l'), ear, 76
oreiller (l'), pillow, 79
orteil (l'), toe, 76
ou bien, or, 72
où, where, 115
oublier, to forget, 39
ouest (l'), west, 114
oui, yes, 118
ours (l'), bear, 10
ouverte, open, 72

P

page (la), page, 74
pain (le), bread, 18
panda (le), panda, 74
panier (le), basket, 14
pansement (le), bandage, 13
pantalons (les), pants, 24
papa (le), dad, 30
papier (le), paper, 74
papillon (le), butterfly, 52
papillon de nuit (le), moth, 52
parapluie (le), umbrella, 111
parc (le), park, 74
parce que, because, 15
parent (le), parent, 74
paresseux, paresseuse, lazy, 57
parfum (le), perfume, 78
parler, to talk, 101
partie (la), part, 75
partir, to leave, 58
partout, everywhere, 35
patinage, skating (ice), 44
patins à roulettes (les), skates, 108
patte (la), paw, 75
pauvre, poor, 81
pêche (la), peach, 75
peigne (le), comb, 28
peigner, to comb, 28
peintre (le), painter, 74
peinture (la), paint, 74
pelle (la), shovel, 93
pendant que, while, 115
penser, to think, 104
pente (la), hill, 48
perdre, to lose, 60
perdu, lost, 60
père (le), father, 37
perroquet (le), parrot, 75
petit déjeuner (le), breakfast, 18
petit pois (le), pea, 75
petit, little, 59
petit, short, 93
petite, small, 95
peur, afraid, 7
peut-être, maybe, 62
photographie (la), photograph, 78
piano (le), piano, 78
pièce (la), room, 88
pied (le), foot, 76
ping-pong (le), ping-pong, 44
pingouin (le), penguin, 78
pique-nique (le), picnic, 78
pizza (la), pizza, 79
placard (le), closet, 86
placer, to place, 79

plage (la), beach, 15
planche à roulettes (la), skateboard, 108
planter, to plant, 79
plat, flat, 38
plein, full, 40
pleurer, to cry, 29
pleuvoir, raining, 84
pluie (la), rain, 84
plume (la), feather, 37
plus, more, 64
pneu (le), tire, 105
poche (la), pocket, 80
poêle (la), pan, 74
pointe (la), point, 80
poisson (le), fish, 10
poivre (le), pepper, 78
poivrons (les), peppers, 78
poli, polite, 80
pomme (la), apple, 9
pomme de terre (la), potato, 81
pompier (le), firefighter, 38
pont (le), bridge, 19
portail (le), gate, 41
porte (la), door, 32
porter, to carry, 22
posséder, to own, 73
pot (le), jar, 54
pouce (le), thumb, 76
poule (la), chicken, 10
poupée (la), doll, 32
pour, for, 39
pourquoi, why, 116
pousser, to push, 82
poussière (la), dust, 33
premier (le), first, 38
prendre, to take, 101
près, close, 27
presque, almost, 8
presque, most, 64
prêt, ready, 84
prévoir, to plan, 79
prince (le), prince, 81
princesse (la), princess, 81
printemps (le), spring, 97
prix (le), prize, 82
prochain (le), next, 67
proche, next, 67
propre, clean, 27
puce (la), flea, 52
puis, then, 103
puzzle (le), puzzle, 82
pyjama (le), pajamas, 74

Q

quand, when, 115
quarante, forty, 68
quart (le), quarter, 83

quatorze, fourteen, 68
quatre, four, 68
quatre-vingt-dix, ninety, 68
quatre-vingts, eighty, 68
que, what, 115
quelqu'un, someone, 96
quelque chose, something, 96
quelques, some, 96
question (la), question, 83
queue (la), tail, 101
qui, who, 115
quinze, fifteen, 68

R

racine (la), root, 89
radio (la), radio, 84
radiographie (la), X-ray, 118
raisin (le), grape, 43
ramasser, to pick, 78
rapide, quick, 83
rayon (le), department, 31
récompense (la), treat, 107
récurer, to scrub, 91
réfrigérateur (le), refrigerator, 85
regarder, to look, 60
regarder, to watch, 113
reine (la), queen, 83
remercier, to thank, 102
renard (le), fox, 10
rencontrer, to meet, 63
rendre visite à, to visit, 112
réparer, to fix, 38
répondre, to answer, 8
requin (le), shark, 92
restaurant (le), restaurant, 85
rester, to stay, 98
réussite (la), great, 46
réveil (le), clock, 27
réveillé, awake, 12
réveiller (se), to wake up, 113
riche, rich, 85
rien, nothing, 70
rire, to laugh, 57
rivière (la), river, 88
riz (le), rice, 85
robe (la), dress, 24
robot (le), robot, 88
rocher (le), rock, 88
roi (le), king, 55
rond, round, 89
ronfler, to snore, 95
rose (la), rose, 89
rose, pink, 68
roue (la), wheel, 115
rouge, red, 68
route (la), road, 88
rue (la), street, 99

S

s'amuser, fun, 40
s'asseoir, to sit, 94
s'en aller, away, 12
s'il te plaît, please, 80
sa, son, her, 48
sable (le), sand, 90
sable, tan, 68
sablonneuse, sandy, 90
sac (le), bag, 13
sac à main (le), purse, 82
saisir, to grab, 43
salade (la), salad, 90
sale, dirty, 32
salle à manger (la), dining room, 86
salle de bain (la), bathroom, 86
salle de classe (la), classroom, 27
salle de jeux (la), playroom, 86
salon (le), living room, 86
salut, hi, 48
samedi (le), Saturday, 90
sandwich (le), sandwich, 90
sans, without, 116
saucisse (la), sausage, 90
sauter, to hop, 49
sauter, to jump, 54
sauterelle (la), grasshopper, 52
savoir, to know, 56
savon (le), soap, 96
scarabée (le), beetle, 52
scie (la), saw, 91
se cacher, to hide, 48
se décider, to decide, 30
se dépêcher, to hurry, 50
se disputer, to quarrel, 83
se mettre d'accord, to agree, 7
se rappeler, to remember, 85
sèche, sec, dry, 33
secret (le), secret, 91
seize, sixteen, 68
sel (le), salt, 90
semaine (la), week, 114
sentir, to feel, 37
sentir, to smell, 76
sept, seven, 68
septembre, September, 92
serpent (le), snake, 10
serrer dans ses bras, hug, 50
serviette (la), towel, 106
seule (la), only, 72
siège (le), seat, 91
sifflet (le), whistle, 115
signifier, to mean, 62